유아 통합교육 프로그램 시리즈

유아 이중언어 통합교육 프로그램

이순형 · 최나야 · 채진영 · 한신애
조유수 · 김민경 · 김지원 · 이정민

1

학지사

머 리 말

    서울대학교 유아교육지원실은 지난 5년 동안 많은 연구를 수행해 왔으며, 특히 서울대학교 협동과정 유아교육과와 함께 창의적 유아교육 프로그램을 구성해 현장에 보급해 왔다.

    올해에는 유아의 발달을 촉진하는 유아교육 프로그램 연구활동의 일환으로 '통합' 을 중요한 모토로 내세우고 유아교육현장에서 통합을 이룰 수 있는 여러 사안을 구성해 새로운 연구 및 현장성을 고려한 프로그램을 구성하는 계획을 세웠다.

    유아교육현장에서 통합이 이루어져야 하는 대상에는 이질적 언어 사용 유아의 통합, 다양한 문화 기반 유아의 통합, 고연령아와 저연령아의 통합, 여러 세대 간의 통합, 특수아동과 일반아동의 통합 등이 있다. 유아교육지원실에서는 (주)프뢰벨의 지원을 받아서 두 단계의 연구활동을 실시했다. 첫 번째로 유아의 삶과 교육현장에서 통합이 어떻게 적용될 것인가를 이론적으로 연구했다. 두 번째로 통합이 이루어져야 하는 현장에 직접 적용할 수 있는 프로그램을 창의적으로 구성했다.

    첫 번째 단계 연구를 통해 유아교육현장에서 언어, 문화, 연령, 세대, 장애와 관련된 문제를 극복하기 위한 통합이 필요하다고 결론지었다. 두 번째 단계에서는 이 제안에 따라서 이중언어 통합교육 프로그램, 다문화교육 프로그램, 혼합연령 프로그램, 세대통합 프로그램, 장애통합교육 프로그램을 연구하고 일련의 통일된 양식

2

으로 유아교육 프로그램을 구성했다. 현장에서 실제로 이러한 교육활동의 타당성을 모색해 보고, 그 결과를 사진이나 그림으로 실어서 창의성에 현장성이 첨가되었다. 따라서 이 책에서 소개하는 통합교육 프로그램은 이론적 논의로 그치는 것이 아니라 현장성을 충족시키고 있어, 탄탄한 이론적 토대 위에 현장으로부터의 목소리가 밴, 생생하게 살아 있는 프로그램이라고 평가해도 무방할 것이다.

필자들처럼 아동의 감수성과 발달을 무엇보다 중시하면서 새롭고 창의적인 유아교육 프로그램을 고민하는 교사, 부모, 대학생 독자들에게 이 프로그램이 도움이 될 것으로 믿는다.

2010년 11월
서울대학교 생활과학대학 유아교육지원실장 이순형

제1부

유아 이중언어 통합교육
프로그램의 이론

제1장
이중언어교육의 개념과 필요성

1. 이중언어교육의 개념

이중언어는 다양한 측면을 가진 현상으로서 이중언어의 사용(bilingualism)을 정의하는 방식 또한 여러 가지인데, 크게 구분해 보면 최소론과 최상론이 있다(이귀옥, 전효정, 박혜원, 강완숙, 장미자, 2004).

먼저 최소론은 제2언어에 대한 최소한의 지식도 이중언어로 인정한다. 우리나라에 거주하는 한국어 화자지만 영어를 활용할 수 있는 능력이 있어서 듣기, 말하기, 읽기, 쓰기 등의 특정 방식으로 의사소통이 가능한 경우 이중언어의 사용으로 본다. 이러한 포괄적인 관점에서는 언어의 위상이나 언어 환경에 따라 기본적으로 습득한 제1언어와는 별도로 학습을 통해 습득한 언어를 제2언어, 제3언어로 볼 수도 있고 또한 외국어로 볼 수도 있는데, 두 경우를 모두 이중언어라고 본다(홍종선, 2000; 황혜신, 2007).

반면, 거의 완벽하게 통달한 제1언어와 제2언어의 동등한 능력만을 이중언어의 사용이라고 보는 최상론이 있다. 이 경우는 제2언어로도 원어민 수준의 의사소통이 되어야 이중언어 화자로 간주한다. 즉, 두 언어에서 모두 마치 모국어 사용자와 같은 구사력을 갖추어야 이중언어 사용자라고 본다(Bloomfield, 1933). 이러한 입장에 따르면 두 개 이상의 언어에 대해 어느 정도의 구사력을 갖춘 수많은 사람들은 이중언어 사용자에 포함되지 않는다(박주경, 1993).

이중언어교육(bilingual education)이란 학습자에게 두 개 이상의 언어를 구사할 수 있는 능력을 길러 주는 교육을 말한다. 초기의 이중언어교육은 소수민족인 이민자를 보호하거나, 소수의 국가 엘리트의 권력 유지와 재창출을 목적으로 시작되었다. 그러나 최근에는 국제화의 흐름에 맞추어 이중언어교육이 보다 일반 다수를 대상으로 하여 적용되고 있다. 이는 어린 유아들에게도 해당된다. 그동안 이중언어의 측면에서 조기 영어교육에 접근하는 시도가 부족했으나, 최근에는 이러한 움직임이 일어나고 있다(황혜신, 2004, 2007).

또한 이중언어교육은 '두 개의 언어를 구사할 수 있도록 하는 교육'이라는 목적론적인 의미 외에, '두 개의 언어를 통한 교육'이라는 방법론적인 의미도 갖는다(권순희, 2009). 즉, 모국어와 제2언어를 함께 사용하여 가르치는 것을 말하는데, 유아교육을 실시하면서 두 가지 언어를 매개로 사용하는 경우다.

2. 이중언어교육의 필요성

국제화 시대를 살아가고 있는 우리에게 국제어인 영어의 필요성에 대한 강조는 아무리 해도 지나치지 않을 것이다. 이미 일상생활에 영어는 크게 자리 잡고 있으며, 국제화 시대에 걸맞은 국제인이 되기 위해서는 영어를 잘할 필요가 있다. 그렇다면 '영어를 잘한다'는 말의 의미는 과연 무엇인가? 아마도 '영어를 구사하여 자신의 의사를 제대로 전달하고 상대방이 구사하는 영어의 의미를 정확하게 파악하는 것'이라고 정의할 수 있다. 단일언어만 사용하는 것에 비해 복수의 언어를 구사할 수 있는 역량을 강화하는 것은 국제 사회에 발돋움하기 위해 갖추어야 할 필요조

건이라 할 수 있다. 이렇게 국제인으로서 경쟁력이 강화되는 것은 곧 국가의 경쟁력 강화를 의미하기도 한다.

이중언어를 사용할 능력이 있다는 것은 단순히 두 가지 언어를 구사하는 것 이상의 의미가 있다. 이는 곧 사회적 · 경제적 · 문화적 · 정치적 · 교육적 영향력을 갖춘다는 것이다. 이와 관련하여 베이커(Baker, 2007)는 이중언어 구사자의 장점을 〈표 1-1〉과 같이 정리하였다.

표 1-1 ● **이중언어 구사자의 장점**

분야	장점
의사소통	• 보다 광범위한 의사소통(국제적 유대, 직장, 글로벌 커뮤니티 등) • 두 언어로 읽고 쓰기
문화	• 보다 폭넓은 문화 적응, 보다 깊은 다문화주의, 두 가지 언어세계 경험 • 보다 넓은 포용력, 인종차별주의 감소
인지	• 사고력(창의성, 의사소통의 민감성)
성격	• 자부심 고양 • 안정된 정체성
교육과정	• 교육과정 성취도 증가 • 제3언어 학습 용이
경제	• 경제적 이점과 취업의 장점

이렇듯 이중언어의 사용 능력을 지닌다는 것은 국제화 시대의 사회에서 보다 유리한 역량을 갖추었다는 뜻이다. 교육과학기술부가 2008학년도부터 초등학교 1, 2학년을 대상으로 일주일에 한두 시간의 영어수업을 시범적으로 실시한 것은 바로 정부 차원에서 조기영어교육을 통한 이중언어 습득의 필요성을 반영한 것이라고 할 수 있다.

균형적인 이중언어 관점에 따르면, 두 가지 언어를 모두 잘 구사하는 아동은 단일언어를 사용하는 아동에 비해 인지, 상위인지, 상위언어, 사회언어가 우수한 것으로 나타난다. 다시 말해, 모국어의 상실 없이도 아동이 제2언어를 균형적으로 배울 수 있다는 것이다(박민영, 고도흥, 이윤경, 2006; Mulhern, 2002; O'Toole, Aubeeluck, Cozens, & Cline, 2001). 이러한 장점은 취학 전부터 이미 나타나기 때문에(황혜신, 2004; Campbell & Sais, 1995; Diaz, Padilla, & Weathersby, 1991) 질적으로 우수한 이중언어교육이 가능한 환경에서는 유아의 발달을 도울 수 있을 것이다.

제2장
이중언어교육의 이론적 기초와 사례

1. 이중언어아의 특성

　이중언어아란 누구를 말하는가? 이중언어아의 정의를 알아보기 위해서 먼저 이중언어의 개념을 살펴볼 필요가 있다. 이중언어라는 용어가 매우 포괄적인 의미로 사용되고 있기 때문에 이중언어아는 '이중언어'를 어떻게 정의하느냐에 따라 다양하게 나타날 수 있다. 블룸필드(Bloomfield, 1933)는 이중언어 사용자를 '두 개의 언어에 대해 마치 모국어 사용자와 같은 구사력을 갖춘 사람'이라고 정의하였으나, 구체적으로 각각의 언어에 대해 어느 정도의 구사력을 의미하는지는 설명하지 않았다. 호겐(Haugen, 1953)은 이중언어를 '한 언어를 말하는 사람이 또 다른 언어로 완전하고 의미가 통하게 발화할 수 있는 능력'이라고 하였고, 맥나마라(MacNamara, 1967)는 이중언어 사용자를 '자신의 모국어 이외의 어느 한 언어에 네 가지 언어 기술, 즉 듣기, 말하기, 읽기, 쓰기 중 어느 한 가지에 대해 최소한의 능력을 가진 사람'이라고 정의하기도 하였다. 또한 램버트(Lambert, 1955)는 이중언어를 두 개의 언어를 고르게 쓰는 균형적 이중언어와 두 언어 중 어느 한 언어의 구사력이 다른 쪽

보다 월등하게 높은 불균형적 이중언어로 나누어 제시하기도 하였다. 이와 같이 이중언어에 대한 정의는 광범위해서 연구자들 사이에서도 상당한 이견을 보인다. 아울러 언어 습득 과정에 따라서는 태어날 때부터 두 언어를 습득하게 된 경우인 동시적 이중언어와 모국어 발달이 이루어지는 과정에서 제2언어를 습득하게 된 경우인 순차적 이중언어로 구분하기도 한다.

이중언어에 대한 초기 연구들(Carrow, 1957; Saer, 1931)은 대부분 부정적인 관점으로 이중언어가 유아의 언어능력을 해친다고 보고하였다. 이들 연구에 따르면 이중언어아는 단일언어아보다 학업성적이 낮고 언어성 지능이 떨어지며 정서적 문제를 더 많이 보였다. 그러나 이러한 부정적인 결과는 초기 연구가 진행된 시기와 관련이 있는데, 1960년대 이전의 이중언어 유아들은 대부분 이민자들로 사회경제적 지위가 낮고 이중언어 수준이 고르게 발달되지 않았다. 즉, 가난한 노동자층 이민자 유아(이중언어 유아)가 사회경제적 지위를 통제하지 않은 상태에서 중산층의 백인 유아(단일언어 유아)와 비교된 것이다. 이런 구조에서 이중언어 유아가 단일언어 유아보다 부정적인 결과를 보인 것은 당연한 결과다. 따라서 초기 연구결과를 일반화하는 것은 무리가 있다.

이후 이러한 점을 고려하여 유아 가정의 사회경제적 지위를 통제하여 연구를 실시한 결과, 우선 인지발달적인 측면을 살펴보면, 이중언어아가 단일언어아에 비해 유추능력이 더 뛰어나고(Diaz, 1985), 지각해결 과제라든가 규칙찾기 과제(Bain, 1975), 사고와 독창성 과제(Cummins & Gulustan, 1974)도 더 잘 수행하는 것으로 나타났다. 이중언어를 사용하는 것이 인지발달에 어느 정도 영향을 주는 것으로 나타났는데, 이중언어 습득이 인지발달에 끼치는 효과에 관하여 비고츠키(Vygotsky, 1962)는 이중언어의 사용이 유아에게 자신들이 사용하는 언어가 수많은 언어 체계상의 한 가지 특수한 체계라는 점을 인식하게 함으로써 결과적으로 사고의 유연성에 긍정적인 효과가 있다고 주장하였다. 또한 벤 제브(Ben-Zeev, 1977)에 의하면, 이중언어 유아는 두 개의 언어를 처리해야 하기 때문에 단일언어 유아에 비해 외부의 언어 자극으로부터 의미를 파악해 내는 데 보다 많은 노력을 기울이게 되고, 이러한 점이 그들로 하여금 보다 유연한 인지발달을 가능하게 한다. 예를 들면, 영어와 한국어를 사용하는 이중언어 유아는 고양이 그림을 보았을 때 그것이 'cat'이라는 다른 이름도 가진다는 것을 알고 있으며 이는 사고력의 탄력성을 의미한다. 즉, 각 사물이나 개념에 두 가지 이상의 단어를 가지는 것은 사고가 더 유연하고 능숙하며, 더 창의적으로 활동하도록 도와준다. 이중언어 유아는 언어의 경계 밖에서 더 이동할 수 있고 더 넓은 연상과 의미의 다양성을 수립할 수 있는 것이다.

이를 뒷받침하는 또 다른 연구(Bialystok & Ryan, 1985)는 이중언어 유아가 혼동이 있는 상황에서 표상의 특성 측면에 선택적으로 주의를 집중하는 능력인 처리통제능력이 단일언어 유아에 비해 발달되었다고 주장하고, 이러한 결과는 이중언어아는 단일언어아에 비해 언어의 추상적 차원에서 보다 주의를 기울이기 때문이라고 설명하였다. 예를 들어, 이중언어를 사용하는 유아는 한 가지 대상을 다른 몇 가지 이름, 즉 두 개의 언어로 말할 수 있기 때문에 대상의 이름이 임의적이라는 것을 이해하고 단어와 의미 사이에 차별성이 있음을 안다. 이러한 경험으로 이중언어 유아가 언어형식에 더 민감해지고, 형식을 더 명백하게 표상하며, 혼란을 야기하는 관련 없는 차원을 억제하게 된다는 것이다. 이중언어 유아의 이러한 처리통제능력은 상위언어능력을 높이는 요인이 된다. 이는 언어에 대해 생각하는 것이다. 즉, 언어를 사고의 대상으로 다루어 언어의 구조적 특징을 반영하고 조작하는 능력으로서, 문장이나 단어의 분절, 문법 판단, 다양한 문장구조에 단어 대치 등을 말한다.

사회언어적 지식발달 측면에서도 이중언어아는 단일언어아보다 더 뛰어날 수 있다. 이는 상대방과의 대화에서 이중언어아가 상대방에게 더 민감하게 반응하는 능력이 높다는 것이다. 즉, 이중언어아는 언제 어떤 언어를 사용해야 하는지 알아야 하고, 언어를 구분해야 하고, 계속적으로 어떤 언어를 사람과 상황에 맞게 사용해야 하는지를 관찰해야 하기 때문에 더 민감하게 반응한다. 예를 들어, 한국어와 영어를 모두 사용하는 이중언어아는 새로운 사람을 만났을 때, 그 사람과 한국어로 대화할지 영어로 대화할지 선택해야 한다. 선택을 하기 위해 이중언어아는 그 사람이 어떠한 언어를 사용하는지 파악해야 하기 때문에 단일언어아보다 사회언어적 지식이 높을 수밖에 없다.

　그렇다면 이중언어아들은 긍정적인 특성만을 지니고 있는가? 이 질문에는 신중하게 접근해야 한다. 앞서 말한 이중언어아의 대부분의 특성 및 이점은 두 언어를 고르게 사용하는 균형적 이중언어아의 경우다. 이는 이중언어를 고르게 사용하고 두 언어 모두 연령에 적절한 능력을 갖춘 경우에 한해 인지적 이점이 발생한다는 역치가설이 뒷받침해 주고 있다. 한편 두 언어의 발달이 불균형을 이루고 있으면 오히려 이중언어의 부정적인 영향이 발견되기도 한다. 즉, 불균형적 이중언어아는 단일언어아보다 각 언어의 어휘력이 오히려 좋지 않을 가능성도 제기된다. 그러나 일반적으로 이중언어아가 두 언어에 대해 지니는 총 어휘력은 단일언어아의 어휘력을 훨씬 능가한다(황혜신, 황혜정, 2000; Pearson et al., 1993). 이중언어아가 단일언어아보다 언어 습득이 다소 지체되는 기간이 있을 수 있지만 이러한 현상은 보통 일시적이며, 풍부한 언어노출과 연습으로 극복이 가능하다(황혜신, 황혜정, 2000).

　결론적으로 이중언어아의 특성은 유아가 두 언어를 어느 정도 구사하느냐에 따라 다르게 나타난다. 중요한 것은 유아의 연령에 맞게 두 언어가 균형 있게 발달하였을 때 가장 많은 이점이 나타난다는 것이다.

2. 이중언어 습득과 교수 · 학습

1) 언어 습득과 이중언어

　우리나라는 영어를 공식적인 제2언어로 채택한 ESL(English as Second Language) 환경이 아닌 영어를 외국어로 사용하는 EFL(English as Foreign Language) 환경이기 때문에 영어에 노출되는 데 시간적 · 공간적 제약이 있다. 그렇다면 우리가 처해 있는 EFL 환경에서 이른바 영어를 잘하기 위해서는 언제, 어떠한 방법으로 '영어'라는 언어를 습득해야 하는가? 우선 언어를 습득하는 과정에 대한 학자들의 의견을 비교해 보고자 한다.

(1) 행동주의적 관점에서의 언어 습득

주변의 아이들을 살펴보자. 정상적인 언어발달을 보이는 만 3～5세의 유아 대부분은 일상생활에서 한국어로 듣고 말하는 것에 특별히 큰 문제가 없다. 마찬가지로 영어를 모국어로 사용하는 인구 가운데 장애를 지니지 않는 한, 대부분은 듣고 말하는 데 불편함이 없어 보인다. 물론 그들 중에도 읽고 쓰는 능력이 부족한 비문해자(illiterate)는 있을 수 있다. 이것은 구어(spoken language) 발달은 이루었지만, 문어(written language) 발달은 이루지 못한 경우다. 일반적으로 언어학에서 말하는 모국어 습득 방식(first language acquisition method)이란 개인이 모국어를 습득할 때 주변인들과의 생활 속에서 듣고 말하기의 구어부터 습득하기 시작하여 읽고 쓰기의 문어를 습득하는 과정을 일컫는다. 이러한 방식으로 언어를 습득하는 것이 가장 부담이 적고 자연스럽다는 것이다(Ingram, 1989).

스키너(Skinner, 1957)는 언어는 습관 형성 과정을 통해 학습된다고 하였다. 즉, 인간은 주위에서 듣는 소리(sound)와 문형(pattern)을 듣고 이해하기 위해 침묵의 시간을 거치면서 듣기능력을 향상시킨다. 이렇게 듣기를 통해 기억한 소리나 문형을 모방하는 방식으로 언어를 습득하며(Bandura, 1977), 모방된 언어는 강화 및 반복을 거쳐 언어 사용의 습관이 형성된다. 즉, 모방한 단어나 문장 등을 반복해서 연습하여 언어를 습득한다는 것이다(Krashen, 1981).

(2) 인지심리주의적 관점에서의 언어 습득

세계적인 언어학자 촘스키(Chomsky, 1957)는 만 3～5세 유아기에는 성인기 때와 달리 모국어 습득에 관한 기본적인 틀이 내재화되어 있을 뿐 아니라 다른 언어를 접하였을 때에도 자기 나름대로의 규칙 체계를 형성하는, 선천적인 언어 습득능력이 존재한다는 생득(生得)이론을 주장하였다. 이러한 능력은 '언어 습득 장치(Language Acquisition Device: LAD)'로 나타나는데, 정상적인 개인은 누구나 지니고 있으며 1.5～6세 사이에 가장 왕성하게 작용하고 13세를 전후로 쇠퇴하기 때문에 성인에 비해 유아가 외국어 습득이 빠르다는 것이다. 이러한 생득적 언어 습득 기제인 LAD 덕분에 특히 취학 전 유아는 모국어가 아닌 다른 언어 역시 비교적 쉽게 배울 수 있다고 한다. 레넨버그(Lenneberg, 1967) 역시 언어 습득에 결정적 시기 (critical period)는 13세 전후까지로, 이 시기는 LAD가 활성화되는 시기와 일치하여 이 결정적 시기가 지나면 새로운 언어를 원어민 수준까지 배우기 어렵다고 주장하였다.

　앞서 언급한 바와 같이 이중언어를 사용하는 것이 유아의 언어발달에 긍정적인 영향을 끼친다고 주장하는 많은 연구들(Mulhern, 2002; O'Toole, Aubeeluck, Cozens, & Cline, 2001)은 '균형적 이중언어'의 관점을 제시하였다. 두 개의 언어를 모두 잘 구사하는 유아는 단일언어를 사용하는 유아에 비해 인지, 상위인지, 상위언어, 사회언어가 우수하므로 모국어의 상실 없이도 다른 언어를 균형적으로 배울 수 있다는 것이다. 이러한 이유로 유아기부터 이중언어를 학습해야 한다는 목소리가 높다(Campbell & Sais, 1995).

2) 이중언어 교수 · 학습 방법

　이와 같이 행동주의적 관점과 인지심리주의적 관점에서 보았을 때 유아는 모국어 이외의 다른 언어를 습득할 능력이 있다는 것을 알 수 있다. 따라서 우리나라와 같은 EFL 환경에서는 유아를 인위적인 상황에 적극적으로 노출시킴으로써 외국어를 가능한 한 많이 접할 수 있는 환경을 제공해야 한다. 유아가 지니고 있는 언어 습득능력을 최대한 발휘하도록 EFL 환경에 적합한 효과적인 교수 · 학습 방법은 다음과 같다.

(1) 전신반응교수법(Total Physical Response Method) – 듣기 중심

어린아이가 모국어를 배우는 과정을 살펴보면, 심지어 옹알이조차 하지 못하는 영아에게 부모는 '맘마' '까꿍' 등의 단어를 끊임없이 제시하며 본의 아니게 주입시킨다. 이때 영아는 처음부터 말하기를 시도하는 것이 아니라 오랜 침묵의 시기를 거치는 동안 주변에서 일어나는 발화의 소리를 듣고 이해하려고 한다. 이 시기에 수많은 반복을 통해 귀에 익숙하고 이해가 된 단어부터 서서히 소리를 내기 시작한다(마영희, 1997). 전신반응교수법은 바로 이러한 개념을 바탕으로 하여 말하기능력 발달보다 듣기능력을 먼저 발달시키기 위한 교수법이다(Asher, 2003). 유아가 단어 또는 상황을 이해할 수 있도록 먼저 그림이나 실물을 제시하면서 영어로 설명한 후, 그 내용을 말하여 유아가 그 행동을 하도록 하는 방법이다. 예를 들면, 의자가 그려진 플래시카드를 보여 주며 "This is a chair. Find out a chair in this room." 이라고 말하여 유아가 교실 내의 의자를 찾도록 한다. 이 방법을 통해 유아는 집중력을 높일 수 있으며, 자신의 신체행동에 즉각적인 반응을 받을 수 있는 장점이 있다.

(2) 노래, 챈트(chant) 및 이야기 노래(story song) 활용 – 말하기 중심

유아가 부담을 가장 적게 느끼며 외국어를 습득할 수 있는 방법은 노래와 챈트를 통해 어휘, 문법, 관용적 표현 등을 익히는 것이다. 챈트는 그레이엄(Graham, 1979)이 개발한 것으로서 음율을 따르는 경우가 많고, 어휘 · 강세 · 억양 등이 포함되어 있으며, 표준 영어를 재미있게 전달하는 데 효과적이다. 노래나 챈트 가사에 상응하는 율동을 포함한다면 유아가 더욱 즐겁고 쉽게 그 내용을 이해하고 기억할 것이다(마영희, 1997). 그림책 본문을 유아에게 친숙한 곡조를 붙여 노래로 만든 이야기 노래를 활용하는 것도 유아가 책 속의 어휘나 표현을 좀 더 효율적으로 기억하도록 하는 방법이다.

(3) 총체적 언어접근법(Whole Language Approach) - 읽기 & 쓰기 중심

　구어발달과 문어발달에 관한 연구들은 언어의 네 가지 기능인 듣기, 말하기, 읽기, 쓰기를 분리하는 것보다는 통합적인 맥락 속에서 교육하는 것이 더 효과적이라는 결과를 발표해 왔다(Edelsky, 1991; Goodman, 1986). 즉, 유아가 자연스러운 생활에서 듣고, 말하고, 읽고, 쓰는 동작을 통합적으로 반복학습할 수 있도록 교육 전략에 중점을 두어 어휘, 낱말 인식 등을 따로 가르치는 것이 아니라 핵심문학을 통해 총체적이고 통합적으로 가르치는 것이 효과적이라는 주장이다. 이를 총체적 언어접근법(Goodman, 1986)이라고 한다. 유아의 수준에 맞고 의미 있는 맥락을 갖는 좋은 그림책을 선정하여 이야기를 전체적으로 이해하게 하는 방식으로, '전체 이야기 → 구 → 단어 → 글자 → 음소' 순으로 접근한다(Edelsky, 1991). 이 방법은 의미 있는 대화의 본질적인 즐거움을 위해 자연스럽게 읽고 쓰는 것을 강조한다(Baker, 2007). 따라서 유아에게 그림책을 많이 읽어 주어 자연스러운 언어학습 환경을 만들어 주면, 반복적으로 읽어 주는 과정을 통해 유아는 이야기의 예측이 가능해지며, 이를 통해 어휘 및 문장을 보다 쉽게 습득할 수 있다(마영희, 1997).

(4) 균형적 언어접근법(The Balanced Language Approach) - 읽기 & 쓰기 중심

　균형적 언어접근법이란 그림책을 통해 의미를 파악하는 총체적 언어접근법과 단어를 개별적인 소리로 나눈 다음 전체 소리를 만들기 위해서 다시 각 단어의 조각을 모아 읽음으로써 글자와 소리의 관계를 파악하는 파닉스 접근법을 균형 있게 유지하는 교수법이다(Baker, 2007; McIntyre & Pressley, 1996). 파닉스(phonics)란 문자의 조합과 문자의 소리를 인식하는 데 기초하는 읽기 방법이다. 같은 알파벳이라도 다른 소리를 나타낼 수 있으므로 이를 구별해야만 읽기를 제대로 할 수 있다. 예를 들어, 알파벳 a는 'apron'에서처럼 [ei]로 읽히기도 하지만, 'apple'에서처럼 [æ]로 읽히기도 한다. 따라서 이 방법의 효과는 총체적 언어접근법과 비교하였을 때 듣기와 말하기 영역에서는 큰 차이가 없었으나, 읽기와 쓰기에서는 유아의 영어능력이 더 향상된 것으로 밝혀졌다(최지영, 2009). 이는 총체적 언어접근법을 통해 그림책

내용에 익숙해진 유아에게 알파벳과 철자 그리고 알파벳의 음가와 철자의 관계를 학습시키고 단어에 대한 호기심을 유발시킬 뿐 아니라, 학습하였던 단어와 유사한 단어 읽기를 스스로 시도해 보는 동기를 부여할 수 있는 효과도 있다.

문학을 이용한 의미강조 언어접근법과 파닉스를 이용한 기호강조 언어접근법의 균형과 교사 주도적 활동과 학습자 주도적 활동의 균형을 바탕으로 최지영(2009)이 제시한 균형적 언어접근법의 효율적인 영어수업모형은 다음과 같다.

• 도입 단계: 파닉스를 통한 어휘 제시 단계

그림책을 선정하여, 유아가 습득해야 할 어휘를 선택하고 파닉스를 기초로 습득한다. 이때 플래시카드를 사용하면 더 효과적이다. 학습한 어휘는 교실 벽에 마련된 Word Wall에 음가별로 함께 적는다. 유아가 어휘를 익히면 다양한 게임을 통해 학습한 내용을 재확인한다.

• 제시 단계: 이야기 제시를 통한 구문연습 단계

선정한 그림책을 보여 주며 미리 학습했던 단어와 문장을 기억하고 있는지 확인한 후에 어떤 내용이 전개될 것인지, 어떤 삽화가 나올 것인지 예측하게 하여 그림책에 대한 유아의 흥미를 유발시킨다. 반복 제시되는 문장은 노래나 챈트로 만들어 유아에게 보다 익숙해지도록 한다.

• 보충심화 단계: 이야기 읽기와 파닉스에 관한 미니레슨 단계

반복되는 구절에서 문장으로, 그리고 이야기 전체로 확대해 가면서 유아에게 자연스러운 발화의 기회를 제공하는 동시에 교사의 선창에 따라 그림책 전체를 따라 읽게 한다. 책을 읽으며 발음할 기회를 충분히 부여한 후에 선택한 단어들을 사용하여 소그룹 또는 대그룹으로 파닉스에 관한 미니레슨을 실시하면서 어휘에 대한 기능을 강화하고 반복학습한다. 음운 인식(phonemic awareness)과 관련한 활동, 첫소리(beginning sound) 구별하기, 패턴 찾기, 단어 분류하기(word sorting) 등의 미

니레슨을 실시하여 읽기 · 쓰기 능력을 향상시킨다.

• 정리 단계: 예술 또는 쓰기로 어휘 또는 문장 습득에 반응하는 의미 있는 활동 단계

유아를 소그룹으로 나누어 각자에게 역할을 주어 역할놀이를 하거나 앞서 배운 노래나 챈트를 발표하게 하여 유아의 참여를 유도한다. 또한 파닉스를 통해 학습한 음가와 관련한 다른 어휘를 찾아보거나 연상되는 동물을 그리는 활동을 전개한다. 간단한 어휘를 소리 내어 읽고 음가를 확인하면서 직접 써 보는 활동을 통해서는 쓰기의 기초 단계에 들어서도록 한다.

교실 내에서의 이러한 노력뿐 아니라 부모의 적극적인 관심과 열정, 격려 또한 유아의 이중언어 구사능력 향상에 중요한 역할을 한다. 부모가 유아의 제2언어 습득과 발달에 관해 상냥하게 질문한다면, 유아는 부모가 자신의 언어 구사에 적극적으로 관심을 가진다고 생각하게 된다. 아울러 유아가 제2언어로 말하는 것을 들었을 때 부모가 적극적으로 칭찬하면 유아의 언어적 자아를 존중하고 고무시킬 수 있다(Baker, 2007).

3. 이중언어교육 프로그램 사례

1) 미 국

대표적인 다문화 · 다민족 국가인 미국에서는 이중언어교육이 일찍부터 주요 과제가 되었다. 미국 이중언어교육의 역사는 소수집단의 사회운동 역사와 그 흐름을 같이하는데, 특히 20세기 중반을 기점으로 큰 변화를 겪었다. 1950년대 이전에는 이민자들이 모국어를 사용하는 것에 대하여 억압적 정책을 실시하였던 반면, 1960년대에 들어서면서부터는 소수집단의 권익신장을 위한 다양한 운동이 펼쳐지면서 영

어 외의 언어를 모국어로 사용하는 이민자들을 위한 언어정책이 실시되었다(염철현, 2008). 이에 1968년에는 이중언어교육법(Bilingual Education Act)이 통과되었으며, 각 초등학교에서는 연방정부 차원의 재정적 지원을 받으며 이중언어교육 프로그램을 개발하고 시행하였다. 당시 이중언어교육은 소수민족 학생을 '배려'하는 차원에서 이들이 표준 영어를 익힐 때까지 학생의 모국어로 수업을 진행하는 방식이었다. 그 결과 학교 수업에서 100여 개의 언어가 공식적으로 사용되었다.

1980년대에 이르러서는 영어로의 전환과 함께 부모에게 배운 모국어도 지키는 단계로 발전하였다. 이후 이중언어교육정책은 1991년 제20회 미국 이중언어학회에서 미국 본토 학생들도 원한다면 이중언어교육을 받을 수 있도록 해야 한다는 주장이 나오면서 비영어권에서 이민 온 학생들과 미국 본토 학생 모두에게 이중언어교육을 제공하는 양방향 교육 프로그램으로 더욱 발전하게 되었다. 이러한 움직임은 1994년 10월 클린턴 대통령이 '미국 학교의 발전법안(Improving America's Schools Act: IASA)'을 통과시키면서 더욱 활력을 띠었다. 그 결과 비영어권 출신의 학생이 다니고 있는 상당수의 학교가 수업과 행정 전체를 이중언어로 함으로써 학생들의 언어발달을 극대화하게 되었다. 양방향 이중언어교육 프로그램에 대한 요구는 점차 늘어나, 지금은 소수민족 가정에서뿐 아니라 중산층 백인 가정에서도 11, 12학년까지 이 방법을 통한 이중언어교육을 요구하고 있다. 또한 이는 캐나다, 아일랜드, 호주 등의 이중언어교육정책에도 영향을 주었다(박영순, 2007).

양방향 이중언어교육 프로그램이란 비영어권 학생들의 완전한 이중언어교육과 영어권 학생들의 조기 전면적 몰입교육(early total immersion)을 결합한 것이다(박영순, 2007). 1970년 중반에 샌디에이고 지역 학교에서 양방향 이중언어 집중교육 모델(Two-way bilingual immersion model)이 개발된 이후 1980년대 중반에 좀 더 발전된 양방향 이중언어 집중교육모델이 본격적으로 시작되었다. 현재 캘리포니아 주 100개 이상의 학교에서 이 모델을 운영하고 있다(Dolson & Lincholm, 1995: 69; 박영순, 2007 재인용). 양방향 이중언어 프로그램의 정의는 다음의 네 가지 특징을 보인다(박영순, 2007).

- 이 프로그램은 본질적으로 스페인어가 하루 수업의 상당 부분을 차지하는 곳에서 두 개의 언어로 수업하는 하나의 교육형식이다.
- 이 프로그램은 오직 하나의 언어로만 교육하는 기간을 갖는다.
- 영어를 모국어로 하는 학생과 스페인어를 모국어로 하는 학생들이 함께 참여하는 프로그램이다.
- 학생들의 수업 내용은 일치한다.

이 모델을 적용한 수업에서의 언어 사용은 학년이 올라갈수록 스페인어 사용 대비 영어 사용이 90:10에서 50:50으로 변화한다. 지난 몇 년 동안 양방향 이중언어 집중교육에 대한 많은 연구를 통하여 밝혀 낸 성공요인은 다음과 같다(박영순, 2007).

- 이중언어 프로그램은 학교장의 강력한 지지와 협조를 받아 전체 학교 프로그램과 통합된다.
- 학부모들의 참여와 학교와의 협력이 이루어진다.
- 학생들은 하나 또는 두 언어에 원어민의 언어능력을 가진 자격 있는 교사에게 수업을 받는다.

다음은 유아를 대상으로 이중언어교육 프로그램을 운영하는 미국의 세 기관의 사례다. 첫 번째 사례는 대부분 스페인어를 모국어로 사용하는 아이들에게 (스페인어와 함께) 영어를 주 교육 언어로 사용하는 기관이다. 두 번째 사례는 대부분 영어를 모국어로 사용하는 아이들에게 (영어와 함께) 스페인어를 주 교육 언어로 사용하는 기관이다. 세 번째 사례는 다양한 언어적 배경을 가지고 있는 아이들에게 영어와 스페인어/프랑스어로 교육하는 기관이다.

세 가지 사례는 '한국어를 모국어로 사용하는 유아들과 비한국어를 모국어로 사용하는 유아들이 영어와 한국어를 주 언어매체로 생활하는 기관'을 운영하는 데 균형 있는 각도로 모델이 되어 줄 것이다.

(1) The East Harlem Block Schools

이스트 할렘 학교(The East Harlem Block Schools)는 뉴욕 시의 어퍼 이스트사이드에 있는 'El Barrio'라는 저소득층 거주지에 위치한 학교로, 3~8세를 대상으로 한다. 이 학교는 1965년에 이스트 할렘 부모들이 설립하였는데, 처음에는 작은 보육 시설로 시작했던 것이 1967년에 주간 학교가 건립되면서 현재 3~5세용 유치원 두 동과 1~3학년용 주간 학교 한 동으로 확대되었다. 이 지역에는 푸에르토리코에서 온 이민자들이 많이 거주하는데, 학교에 다니는 유아의 구성 비율을 살펴보면 재학 유아 150명 중 90% 이상이 스페인어권 출신이고 나머지 10%만 영어권 출신이다.

교직원 채용의 어려움 때문에 유치원 교사 중 단 한 명만이 이중언어 사용자이고 다른 7명은 영어 사용자다. 14명의 보조교사는 이중언어 사용자로서 대부분 이 학교의 학부모들이다. 각 교실마다 영어 사용 교사 한 명과 이중언어 사용 보조교사 한 명이 배치된다. 유치원의 이중언어교육 프로그램은 비구조화되어 있는데, 교실에서는 사용 언어(영어/스페인어)가 서로 다른 두 개의 활동이 동시에 진행된다. 그

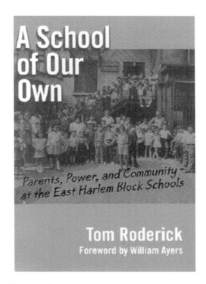

그림 2-1 이스트 할렘 학교에 관한 책 표지

27

러면 유아들은 자유롭게 원하는 활동을 선택하여 참여하게 된다. 주간 학교에서는 유치원보다 좀 더 구조화된 이중언어 프로그램을 진행하는데, 대부분의 교육활동의 주요 언어는 영어이고, 스페인어는 이야기 시간에 사용된다.

이 학교에서 주목할 점은 학부모와 지역사회의 역할이다. 앞서 언급하였듯이 학교의 교직원 중 상당 부분, 즉 37명의 학교 고용자 중 20명이 학부모다. 학부모들은 프로그램 계획을 도울 뿐 아니라 교육철학과 방법론적인 문제에 관한 정책까지 학부모들로 구성된 운영위원회와 교직원들이 함께 결정한다. 학부모들은 유급 보조교사로 일하기도 하고 자원봉사 형태로 일하기도 한다. 특히 세 명의 학부모 담당자(parent coordinators)는 사회복지 관련 일을 돕는다. 이처럼 학부모와 학교가 연대하여 유아가 더욱 안정적이고 건강한 생활을 할 수 있도록 협력한다는 점이 인상적이다.

이 학교는 본래 Community Action Program의 후원을 받았는데, 이후 Head Start의 후원을 받다가 현재는 Day Care의 후원을 받는다. 또한 별도의 개별적인 후원금으로 운영자금을 마련하고 있다.

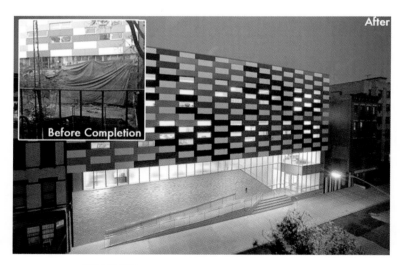

그림 2-2 최근 완공된 이스트 할렘 학교 새 건물

(2) The Jeffrey School

제프리 학교(The Jeffrey School)는 텍사스 주 오스틴의 대학가에 있는 사립 유치원이다. 유치원에 다니는 원아는 3~5세 연령의 유아 90명으로, 이들 중 90% 이상이 영어를 모국어로 사용하는 중산층 백인이다. 나머지 10%는 흑인, 히스패닉, 인도인 그리고 중국인으로 구성되어 있는데 6% 정도의 유아들이 저소득층이다. 이 유치원은 모든 원아에게 매일 스페인어로 보육을 실시한다.

1960년 9월 보육시설-유치원으로 개교한 이 학교는 유아학습에 대한 연구 대상이 되어 왔다. 프로그램이 실험적이었으며, 독창적이고 새로운 교수 방법을 강조하였다. 기관 설립 초기부터 이 유치원의 목표 중 하나는 모든 원아들이 이중언어를 구사하는 것이다. 그리하여 읽기능력이 발달하기 이전에 매일 3세 유아에게 15분씩, 4세 유아에게 20분씩, 5세 유아에게 30분씩 스페인어로 말하기 및 듣기를 가르치고 있다. 또한 이중언어를 사용하는 보조교사는 아이들과 스페인어로 대화한다. 이를 위하여 영어와 스페인어를 자유롭게 구사할 수 있는 이중언어 교사와 보조교

그림 2-3 | 제프리 학교 전경

출처: http://www.jeffreyschool.org/gallery.

사를 채용한다. 과거에는 스페인어 사용 교사를 아르헨티나인과 칠레인으로 채용해 왔으나, 근래에는 텍사스 대학교의 스페인어 전공자 졸업반 학생을 이중언어교사로, 보조교사는 지역사회에서 주로 채용하고 있다. 이처럼 지역사회를 이용한 교직원 채용이 특징적이다. 이 유치원은 별도의 후원 없이 원아들이 납부하는 보육료로 운영하고 있다.

(3) Washington International School

워싱턴 국제학교(Washington International School)는 워싱턴 D. C.에 위치한 사립 이중언어 학교로 세계 주요 국가의 교육체제 간의 간극을 메우는 연구를 목적으로 1966년 개교하였다. 이 학교에 다니는 아이들은 다양한 언어적 배경을 가지고 있는 3~9세 유아 140여 명이다. 이들은 40여 개의 국가 출신으로, 대략 60%는 집에서 영어를 사용하고, 25%는 프랑스어를, 7%는 스페인어를, 8%는 기타 언어를 사용한다. 이 중 25%가 세계은행, 통화기금, 미주간개발은행, 범미연맹 직원의 자녀다. 이 학교는 앞으로 10세와 11세를 위한 교육도 진행할 계획이다.

그림 2-4 │ 워싱턴 국제학교의 수업 장면

출처: http://www.wis.edu.

초기 학교의 목표는 미래에 다른 국가의 다른 학교체제에서 공부하는 데 대비할 수 있도록 국제적인 교육과정을 제공해 주는 것이었다. 아이들은 두 개의 언어—영어와 프랑스어, 혹은 영어와 스페인어—를 배워야 하고, 3세와 4세는 프랑스어반이나 스페인어반 둘 중 하나에 들어가게 된다. 학교에서는 영어로 된 교육활동을 거의 하지 않는데, 이는 학교 밖에서 영어를 익힐 기회가 많다고 보기 때문이다. 그러나 필요할 때에는 특별 영어 지도를 진행하기도 한다. 5세 유아는 종일 학교에서 생활하면서 주요 과목을 두 개의 언어로 교육받는다. 모든 아이들은 절반은 영어로, 절반은 프랑스어나 스페인어로 수업을 받으며, 연령과 수준, 언어를 기준으로 반을 나눈다. 세 개 언어 모두에 어려움을 겪는 아이들은 개별 혹은 소규모로 지도를 받는다.

이 학교 아이들의 대부분은 2년 내지 3년 정도만 다니기 때문에 교육과정은 다른 국가의 학교체제에서 공부하는 것에 대비하여 맞추어져 있다. 따라서 프랑스, 영국, 스페인 그리고 다른 국가의 교육체제 요소가 섞여 고안되었다.

프랑스어와 영어로 구성된 R.E.M.I 시청각자료는 이야기하기와 노래하기, 게임

그림 2-5　워싱턴 국제학교의 자유시간

출처: http://www.wis.edu.

31

하기 등이 모든 수준에서 활용된다. 스페인어 교재는 이 학교의 교사가 번역하여 활용한다.

25명의 교직원들은 국적이 다양하며 학문적 배경 역시 다양하다. 이 학교의 운영 자금은 보육료와 개별적인 기부로 충당된다.

2) 영국

영국에서는 영어-웨일스어, 영어-프랑스어의 이중교육이 이루어지고 있다. 우선 영어-웨일스어의 경우를 살펴보자. 1939년에 영어와 웨일스어를 동시에 교육하는 이중언어학교가 처음으로 애버리스트위스에 세워졌다. 이 학교는 영어 사용자와 웨일스어 사용자 모두에게 비난을 받았지만 점차 발전을 거듭하였고, 이후 많은 이중 언어교육 초등학교가 생겨났다. 웨일스 주에서 1976년부터 1990년 사이에 웨일스어 이중언어교육의 현황에 대해 조사한 통계자료에 따르면 웨일스에 사는 초등학생 네 명 중 한 명은 제1언어 또는 제2언어로서 웨일스어 교육을 받는다. 1976년부터 1990년 사이에 웨일스어를 사용하는 인구는 점차 줄어들고 있지만, 웨일스어를 가르치는 이중언어학교는 증가하였다. 또한 웨일스어로 수학, 프랑스어, 체육을 가르치는 빈도가 높아진 것을 볼 수 있는데, 사회적으로 고유한 전통을 지키려는 움직임이 있었기 때문이다.

영어-웨일스어 이중언어교육의 모습은 다양하다. 웨일스의 심장부에 있고 인구의 70% 이상이 웨일스어를 사용하는 웨일스 북서부에서는 거의 모든 교과과정이 웨일스어로 진행된다. 그리고 영어는 지역사회와 대중매체를 통해 자연스럽게 익히게 된다. 물론 웨일스에도 권트, 펨브룩 등과 같이 영어 사용률이 높은 지역도 존재한다. 이런 곳에서는 웨일스어가 제2언어로 학습된다. 초등학교와 중·고등학교에서는 하루 30분~1시간 정도 제2언어로 웨일스어 교육이 이루어진다. 이 경우 학생들은 영어에 비해 웨일스어를 구사하는 능력이 떨어진다. 이와 같이 웨일스어만 가르치거나 영어만 가르치는 학교 사이에 다양한 스펙트럼이 존재하므로 한 가지

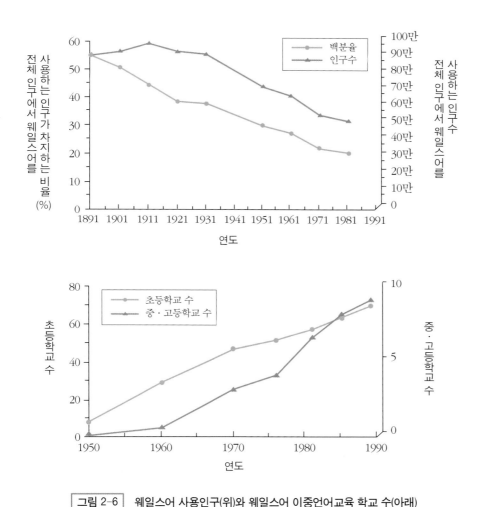

그림 2-6 웨일스어 사용인구(위)와 웨일스어 이중언어교육 학교 수(아래)

출처 : Baker, C. (1993). Bilingual education in Wales.

교육 유형으로 규정하기는 어렵다.

　다음으로 영어-프랑스어의 이중언어교육을 살펴보자. 영국의 대표적인 프랑스어 교육기관인 라 졸리 론드(La Jolie Ronde)는 1983년부터 운영되고 있는 사설 외국어교육기관으로, 3~11세 유아를 대상으로 하여 체계화된 프랑스어 및 스페인어

33

학습코스를 제공한다. 영국 전역에 있는 900여 개의 지부에서 교육을 받을 수도 있고, 이 프로그램을 교과과정으로 채택한 100여 개의 학교를 통해 교육을 받을 수도 있다.

라 졸리 론드는 각 연령 그룹의 흥미, 경험, 사회성 및 인지발달 수준에 맞추어 유아가 실제 상황에서 의사소통할 수 있는 것을 기본으로 한다. 같은 단어와 구문을 여러 번 다양한 방법으로 제시하는 전략을 사용하여 초반에는 음률, 노래나 이야기로 단어나 구문을 배웠다면 후반에는 역할놀이 상황이나 게임과 같은 상황에서 배우도록 한다. 학습하는 동안 유아의 자신감이 생기고, 이전 학습 기억에서 배운 단어와 구문을 찾아 새로운 상황에 적용할 수 있는 능력을 키우게 된다.

이 교육 방법에서 강조하는 점은 노래, 역할놀이와 의사소통을 배우는 것이다. 유아는 무엇보다도 말하기를 먼저 배우며, 말하기로 하는 활동에 자신감을 갖게 되면 읽기와 쓰기를 시작한다. 노래, 음률, 이야기, 게임과 같은 다양한 영역에서 신체적으로 움직이기, 지시하기, 잡기, 플래시카드 정리하기, 가장하기, 놀기와 같은 활동을 통해 스트레스가 없는 상황에서 외국어 습득을 즐기는 것이 핵심이다.

학교에서 사용되는 구조화된 학습코스를 살펴보면 다음과 같다. 5~7세 대상 프로그램의 경우 많은 이야기와 액션 챈트, 노래 및 게임으로 구성된다. 이는 유아들

  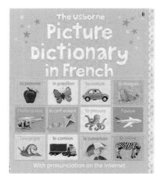

그림 2-7 | 라 졸리 론드의 만 3~4세 교재

이 마치 프랑스어가 모국어인 유아, 또는 스페인어가 모국어인 유아가 모국어를 처음 배울 때와 마찬가지로 언어를 배우도록 하기 위해서다. 즉, 놀이를 통하여 자연스럽게 언어를 '흡수'하는 것이다. 학습자료는 교사용 가이드북, 두 권의 유아 학습교재, 교사용 CD, 유아용 CD, 플래시카드, 부모지침서로 이루어져 있다.

3) 캐나다

캐나다는 크게 원주민(이누이트 및 인디언 포함), 프랑스인, 영국인의 세 인종으로 구성되어 있다. 국민의 40%가 영국 출신, 27%가 프랑스 출신인데, 이들은 지역적으로 불균등하게 분포되어 있다. 국가 설립 때부터 다양한 문화집단이 있었기 때문에 문화적 다양성을 기반으로 1969년의 공용어법(Official Languages Act)에 따라 영어와 프랑스어가 공용어로 채택되었다. 그리하여 1982년의 캐나다 헌법(Canadian Charter of Rights and Freedoms)에 의하여 이 두 언어로 공교육을 받을 수 있도록 되어 있다.

캐나다의 이중언어교육 도입은 퀘벡 주의 세인트 램버트 시에서 시작되었다. 퀘벡 주에서의 프랑스어 사용 정도가 커지고 영어 및 프랑스어 간의 언어장벽에 대한 불만족이 커짐에 따라 1960년 초에 세인트 램버트 시에 사는 영어 사용 부모들이 정기적으로 만나 이 문제에 대해 논의하였다. 그리고 2년 뒤 1965년에 이중언어교육을 위한 실험 유치원을 설립하였다. 이 실험 유치원의 목표는 유아들이 프랑스어로 읽고 쓸 수 있으며 정규 교과과정에서 보통 수준의 성취를 이루고, 영어 사용 캐나다인과 프랑스어 사용 캐나다인 모두의 문화와 전통에 익숙해지게 하는 것이었다. 즉, 유아들이 학업을 성취하면서도 이중언어를 습득하고 또한 이중문화를 이해하는 것이다.

이와 같은 이중언어교육은 몰입교육의 형태로 나타나 1965년 이후 빠른 속도로 퍼졌다. 몰입교육은 연령에 따라 초기와 후기로 나눌 수 있는데, 초기 몰입교육은 영유아기를 대상으로 하며 후기 몰입교육은 9~10세 또는 중학교 이상의 수준에서 이루어진다. 또한 시간에 따라 전체 몰입교육과 부분 몰입교육으로 나눌 수도 있다. 전체 몰입교육은 제2외국어에 대한 100% 몰입으로 이루어지다가, 몇 년이 지나면 50∼80% 수준으로 줄이는 것이다. 부분 몰입교육은 영유아기부터 중학교에 이르기까지 줄곧 50% 수준으로 교육한다. 다음에서는 영어-프랑스어 몰입교육의 다양한 형태와 그 효과를 살펴본 연구를 중심으로 몰입교육의 성공사례를 알아보자.

(1) 온타리오 주의 초등학교

온타리오 주의 초등학교에서 실시된 영어-프랑스어 이중언어 몰입교육 사례를 살펴보자. 이 프로그램은 초기 전체 몰입(early French total French immersion), 초기 부분 몰입(early partial French immersion) 그리고 후기 부분 몰입(late partial French immersion) 등의 세 가지 방법을 사용하였다. 영어를 사용하는 학생들을 대상으로 실시되었으며 적어도 학교 일과의 절반을 프랑스어로 가르쳤다. 대체로 이 세 가지 몰입교육은 모두 학생들의 프랑스어 실력 향상에 기여하였다. 부모의 개입, 선택적 참여, 프랑스어에 대한 긍정적 태도 및 학생들 간의 결속력으로 이 프로그램은 성공할 수 있었다(Swain & Lapkin, 1982).

(2) 다양한 프랑스어 몰입교육의 사례

네튼과 거메인(Netten & Germain, 2008)은 초등학교 4∼6학년을 대상으로 핵심 프랑스어교육, 몰입 프랑스어교육 그리고 후기 몰입 프랑스어교육을 받은 학생들의 말하기 실력을 측정하여 몰입교육 프로그램의 효과를 밝혀 냈다. 몰입교육이 시작되기 전에 학생들의 프랑스어 실력을 측정하였고, 몰입교육이 끝난 후와 학기말에 다시 프랑스어 실력을 측정해 보았다. 그 결과 핵심 프랑스어교육만 받은 학생들은 몰입 프랑스어교육을 받은 학생들과 전반적인 프랑스어 실력은 비슷했으나 자발적인 의사소통 부분에서 향상되지 않은 것으로 나타났다. 후기 몰입 프랑스어교육을 받은 학생들은 말하기 실력이 향상되거나 유지되었다(Netten & Germain, 2008).

(3) 이누이트 학생의 영어-프랑스어 교육 사례

이중언어교육이 캐나다에서 강조되고 있지만 이누이트와 같이 소수집단을 대상으로 한 연구는 많지 않다. 어스본 등(Usborne et al., 2009)은 110명의 이누이트 초등학생을 대상으로 이누이트-영어/프랑스어 프로그램의 효과를 종단연구로 밝혔다. 이 연구에서는 학생들이 이중언어교육을 받고 나서 초등학교 4학년부터 6학년에 이르기까지 언어 실력이 향상된 것을 알 수 있다. 반면 이누이트어 실력은 이 시기에 유의미한 향상을 보이지 않았다. 이에 초등학교 3학년 때의 이누이트어에 대한 기초 실력이 이후의 이누이트어 및 영어, 프랑스어의 향상에 기여하는 것으로 나타났다(Usborne et al., 2009).

앨버타 주의 프랑스어 몰입교육 유치원에서 제작한 학부모용 지침서 예를 통해 프랑스어 몰입교육 프로그램에서 유아가 무엇을 배우고 어떠한 준비가 필요하며 부모의 역할이나 유아에게 기대되는 성취는 무엇인지 상세하게 알아보았다.

이 유치원에서 사용되는 몰입교육은 전체 몰입교육으로, 일과의 100%를 프랑스어로 진행한다. 몰입교육의 현장에서 프랑스어를 습득한다는 목표를 제외하고는

그림 2-8 | 프랑스어 몰입교육 유치원 학부모용 지침서 표지

모든 영역에서 기대되는 성취는 보통의 영어 사용 유치원과 동일하다. 앨버타 주에서는 대부분 영어를 사용하므로, 이와 같은 프랑스어 몰입교육을 통해 유아들에게 이른 시기에 프랑스어를 배울 수 있는 기회를 제공하는 것이 이 유치원의 목표다. 세부 목표를 살펴보면, 영어를 능숙하게 사용하고, 프랑스어의 기능 면에서 숙달되도록 하며, 프랑스어권 문화를 익히는 것이다.

유치원의 일과를 살펴보면 놀이가 주된 활동이며, 자유선택으로 미술, 쌓기, 극놀이, 언어 영역에서의 활동이다. 또한 교과과정은 개인 및 사회적 책임감, 프랑스 언어 및 문학, 지역사회와 환경, 신체운동, 산수, 예술적 표현 및 감상으로, 보통의 다른 유치원과 크게 다르지 않다.

지침서에는 유아의 영어와 프랑스어 실력 향상을 위해 부모가 어떤 역할을 해야 하는지 구체적으로 제시해 놓았다. 그 내용은 〈표 2-1〉과 같다.

표 2-1 • 유아의 영어 및 프랑스어 향상을 위한 부모의 역할

유아의 영어 실력 향상을 위해 부모가 집에서 할 수 있는 일	유아의 프랑스어 실력 향상을 위해 부모가 집에서 할 수 있는 일
• 잠자리에 들 때 책을 읽어 준다. • 노래를 함께 부르며 음의 차이에 대해 강조하여 인식하도록 한다. • 자신의 이름을 써 보도록 권한다. • 부모가 먼저 자주 읽고 쓰는 모습을 보인다. • 올바른 언어를 사용한다. • 유아가 말하는 것을 장려하고 주의 깊게 들어준다. • 1부터 20까지 세도록 돕는다.	• 일상생활에서 프랑스어를 사용한다. 예를 들어, 프랑스어로 진행되는 텔레비전 프로그램이나 비디오를 시청하며 프랑스어 노래를 듣는다. • 유아와 함께 '이번주의 프랑스어 단어' 또는 '이번 달의 프랑스어 단어'를 정하고 학습한다. • 유아가 유치원에서 배워 오는 프랑스어 노래를 함께 부른다.

출처: Language Services Branch(1990). French Immersion Kindergarten: a handbook for parents.

4) 호주

호주는 영국인을 중심으로 한 유럽계 이민자와 1970년대 이후에 유입된 베트남

인을 비롯한 아시아계 이민자 등 다양한 민족으로 구성되어 있다. 이러한 국가 구성원의 특성 때문에 호주 정부에서는 이들이 호주에 적응하고 원활한 의사소통을 할 수 있도록 영어 정책에 각별한 주의를 기울였다.

호주의 이중언어교육정책은 단지 소수민족을 위한 이중언어교육이 아니라 모든 호주인들이 제2언어와 문화를 익혀서 다중언어/문화국가를 건설한다는 목표가 특징이다. 유아들은 다양한 언어를 습득하면서 목표 언어뿐만 아니라 그 언어를 사용하는 국가의 관습, 역사, 문학, 예술 등 새로운 문화를 접하고 배운다. 이에 유아는 넓은 세계관을 가지고 다양한 문화를 수용할 수 있게 된다.

호주 정부는 정부의 지원금을 받고 있는 모든 취학전 교육 프로그램에서 이중언어교육 또는 다중언어교육을 포함시키도록 하고 있다. 또한 유아교육 및 보육기관에서는 이중언어교육기관으로 지정되지 않았더라도 전체 교사 중 일부는 한 가지 이상의 언어를 할 수 있는 교사들로 구성하도록 권유하고 있다.

호주 교육부는 취학전 유아의 이중언어교육은 교육용 과제나 설비에 초점을 두기보다 총체적인 이중언어교육 환경(total environment of the centre)에 초점을 맞추고 있다. 즉, 이중언어 또는 다중언어를 교육할 경우에는 유아가 모든 언어를 동등하게 생각하여, 자신의 모국어 발달을 유지하면서 최소한 한 가지 이상의 다른 언어를 학습하고 사용할 수 있도록 이중언어 환경을 제공하는 것이 프로그램의 목표다. 동시에 영어를 사용하지 않는 국가 출신인 경우 유아가 자신의 모국어와 문화를 지속적으로 접할 수 있도록 가정에서 부모가 노력하도록 한다. 왜냐하면 0～5세의 모국어 발달은 유아의 사회성 발달과 성격발달 그리고 부모-자녀 관계에도 중요한 역할을 하기 때문이다.

이외에 유아의 이중언어교육에 대한 부모와 지역사회의 적극적인 참여를 권장하는 점도 호주 이중언어교육의 특징이다. 호주 교육부는 이중언어교육 프로그램의 구성과 평가에 대한 의사결정 과정에 부모와 지역사회 구성원들이 참여하도록 하고 있다. 이처럼 호주 정부는 유아기의 이중언어교육에 대해 많은 관심을 가지고 여러 가지 방안을 제안하고 있다. 앞에서 언급한 호주 교육부의 이중언어교육 프로

표 2-2 ● 호주 교육부의 유아기 이중언어교육 프로그램 기본 원리

- 모국어의 유지와 발달
- 영어 발달
- 영어 이외의 다양한 언어에의 노출
- 가정에서 부모가 실시하는 지속적인 모국어 교육
- 프로그램 전반에 걸친 다문화 관점
- 프로그램 구성에 대한 지역사회의 참여
- 지역사회와 부모의 참여
- 정기적인 평가

그램의 기본 원리를 정리하면 〈표 2-2〉와 같다.

호주 교육부에서 유아를 대상으로 하는 이중언어 프로그램의 모델은 여러 가지가 있는데, 그중에서 인종집단의 후원을 받는 이중문화 보육모델과 부모와 지역사회의 참여에 의존하는 모델의 사례를 통해 실제 이중언어 프로그램이 어떻게 운영되고 있는지 살펴보았다.

(1) 인종집단 후원을 받는 이중문화 보육모델

다음에 소개한 사례에서는 인종집단의 후원, 즉 그리스 정부의 후원을 받으며, 모든 유아들을 해당 공동체인 그리스의 언어 환경에 노출시킨다. 이곳에서는 영어와 외국어를 동등하게 생각하며, 다언어적 관점을 강조한다.

이와 같은 형태의 이중언어교육기관은 다양한 배경과 욕구를 가진 유아와 부모를 수용하고 그들이 원하는 교육을 제공한다는 장점이 있다. 그리고 어린 시기에 다양한 언어와 문화에 자연스럽게 노출시켜 삶의 일부가 되도록 함으로써 유아에게 반드시 목표 언어를 능숙히 말하도록 강요하지 않는 것도 우리나라의 이중언어교육에 중요한 시사점이 된다.

지역사회 보육센터의 수업 장면

소피아 페텔라(Sofia Petela)는 그리스 출신으로, 호주에 있는 한 그리스정교 지역사회 보육센터에서 교사로 근무하고 있다. 그녀는 그리스어를 세계적으로 확산시키고자 하는 그리스 정부의 계획하에 지원을 받으며 호주에 파견되었다. 그녀는 매일 아침 유아들에게 3시간씩 그리스어로 된 게임과 활동, 전통 춤 등을 가르친다.

〈보육센터에 등록한 다양한 배경의 유아들〉

1. 영어가 모국어인 유아
   예 4세인 A는 가족이 영어를 사용하며 그리스 문화와는 아무런 연고가 없다. 그러나 그의 부모는 다문화교육의 강점을 보고 아이를 센터에 보냈다. 아이는 꼭 그리스어를 배워야 한다는 의무감 없이 자연스럽게 그리스 언어와 문화를 접한다.

2. 그리스어가 모국어인 유아
   예 B는 호주에서 태어난 그리스인인데, 자신의 두 자녀가 그리스어와 문화를 배우는 것이 중

41

요하다고 생각하여 이 보육센터에 자녀를 보내고 있다.

3. 그 외의 언어가 모국어인 유아

예 C는 모국어가 벵골어인 여성으로, 자신이 이 센터에 근무하면서 자신의 아들 또한 이 센터에 보내고 있다. 이들은 집에서는 벵골어를 사용하면서도 영어와 그리스어를 동시에 배울 수 있다.

이와 같이 이 센터의 유아들은 다양한 수준으로 그리스어를 배우며, 보육센터를 마칠 때에도 서로 다른 수준의 그리스어 능력을 지니게 된다. 지속적으로 그리스어를 배우는 유아도 있지만, 그렇지 않은 유아도 있다. 이곳에 다니는 한 유아의 부모는 아들이 그리스어를 배우는 속도는 느리지만 성취도보다는 유아기에 다문화 배경에 노출되고, 그것이 자신의 삶의 일부로 자연스럽게 받아들여지는 것이 무엇보다도 중요하다고 하였다.

출처: The Sydney Morning Herald(2008. 2. 15.).

(2) 부모와 지역사회의 참여에 의존하는 모델

이 모델은 프로그램 자체 지원금과 자원봉사자들의 참여로 운영된다. 부모나 지역공동체 구성원들의 자원봉사가 바탕이 되며, 유아 대 교사 비율의 일부로 이중언어 교사를 고용하기도 한다. 이 모델을 따르는 이중언어교육시설은 유아 관련 서비스 형태, 즉 유치원이나 보육시설의 형태로 운영된다. 그리고 모든 유아를 LOTE(Languages Other Than English), 즉 '영어 이외의 언어'에 노출시킨다는 목표 아래 모든 유아들에게 각자 가치 있는 다중언어 환경을 제공하고자 한다. 이러한 모델의 사례로 킴바 이중언어 학습놀이모임(Kimmba Bilingual Learning Playgroup)을 들 수 있다.

킴바 이중언어 학습놀이모임은 비영리단체로 전문적 배경을 가진 어머니들이 위원으로 활동하며 운영하고 있다. 이 센터에 고용된 교사들은 다양한 배경과 경력을 가지고 있다. 보육교사 자격증을 소지하고 다년간 호주와 뉴질랜드에서 영어-표준중국어 이중언어 유아들을 가르친 중국인 교사도 있고, 영국에서 음악, 드라마와

그림 2-9 | 킴바 이중언어 학습놀이모임 홈페이지

몬테소리 학위를 받고 싱가포르에서 유아들을 가르쳤던 중국인 교사도 있다. 그리고 타이완 출신으로 교육학 학위를 소지하고 호주에서 다년간 유아들을 가르쳤던 교사도 있다. 독일 출신의 한 교사는 이중언어교육 및 가족학 학위를 가지고 다년간 유치원을 운영한 경력을 가지고 있었다.

이 센터는 일주일에 한 차례 부모들이 자녀와 함께 프로그램에 참여하도록 한다. 영아반, 걸음마기 유아 및 혼합 연령반, 유아반 그리고 초등반으로 구성되어 있으며 연령에 따라 1회 수업 시간이 45분에서 2시간까지 다양하다. 학기별 수업료는 120～250달러이며, 한 학기에는 9～11회 정도의 수업이 진행된다. 센터 운영자금 마련을 위해서 여러 곳에서 적극적인 지원을 받고 있다.

킴바 이중언어 학습놀이모임은 유아교육기관이라기보다는 다양한 문화적 배경을 지닌 부모와 유아들이 모여 교류할 수 있는 환경과 프로그램을 제공하는 장소다. 일주일에 1～2회 정도 모여 몇 시간 동안 프로그램에 참여하면서 유아는 물론이고 부모들 또한 다양한 문화적 배경을 가진 사람들과 소통하고 교류할 수 있는 것이 장점이다. 그리고 학기별로 등록할 수도 있고 수업 회기별로 등록할 수도 있어 이용

그림 2-10   프로그램에 참여하고 있는 부모와 영아

출처: http://www.kimmba.com.au.

그림 2-11   활동을 진행하고 있는 교사와 활동에 참여 중인 부모와 유아들

출처: http://www.kimmba.com.au.

이 편리하다.

5) 벨기에

다양한 민족이 함께 살아가는 유럽에서는 다문화·다인종·다언어 사회를 위한 이상적인 모델을 개발하는 것이 주요 과제 중 하나다. 다문화 사회인 유럽 사회에서 볼 수 있는 특징적인 교육문화가 있는데, 1958년 이후 공식적으로 존재해 온 '유럽 학교(European School)'가 그것이다. 현재 유럽 학교는 25개국에서 50개 학교로 구성되어 있고 약 5만 명의 학생들이 다니고 있다. 유럽 학교의 교실에서는 두 개 이상의 언어가 사용되며, 다문화교육을 통한 학생들의 다중언어능력과 높은 학업 성취로 확고한 명성을 얻고 있다(Baetens, 1995; 박영순, 2007 재인용).

유럽 학교는 유아의 제1언어의 발달을 보장하고, 유럽인으로서의 정체성을 향상시키기 위하여 모든 학생들이 적어도 두 개의 언어로 수업을 받고, 제3언어는 하나의 필수과목으로 배우며, 제4언어는 선택과목으로 수강하는 것을 목표로 하고 있다. 이러한 다중언어교육은 학생들이 편견과 국가적 적대감 없이 조화로운 민족 언어 관계를 수립하도록 하기 위한 수단이다.

유럽 국가들 중에서도 특히 벨기에는 다문화교육을 실시하는 대표적인 국가로 평가받고 있다(Beheydt, 1993: 박영순, 2007 재인용). 벨기에의 수도 브뤼셀에는 가장 규모가 큰 유럽 학교가 있는데, 이곳에서는 유치원부터 고등학교까지 4,000여 명의 학생들이 여덟 개의 언어(덴마크어, 네덜란드어, 영어, 프랑스어, 독일어, 그리스어, 이탈리아어, 스페인어)를 사용한다. 각 학생은 여덟 개의 언어 중 제1언어, 제2언어, 제3언어, 제4언어를 결정하여 정해진 교육과정대로 교육을 받는다. 유럽 학교 프로그램의 전반적인 특징은 제1언어가 교육의 기초가 되어 계속해서 유지되지만, 학년이 올라갈수록 학교교육에서 차지하는 비중이 서서히 줄어들면서 대신 초기에는 하나의 과목으로 소개되었던 제2언어, 제3언어, 제4언어가 이후에 다른 과목을 배우는 수업언어로 사용된다는 점이다.

유럽 사회에서는 대부분의 유아가 다중언어의 환경에 놓여 있기 때문에 제1언어 습득이라는 면에서 보면 최선의 환경이 아니다. 따라서 교사들은 유아를 대상으로 교육할 때 유아의 제1언어의 질에 관심을 갖는다. 유아가 사용하는 제1언어의 발달을 돕기 위해 이 시기의 담당교사 또한 유아의 제1언어와 동일한 언어의 모국어 화자이면서 동시에 이중언어를 사용하는 이들이다. 유아가 제1언어로 읽고 쓸 수 있는 때가 되면 특히 어휘의 확장과 어휘 사용의 정확성 그리고 철자법의 정확성 지도

표 2-3 ● 유럽 학교 프로그램의 본질적 원리

1. 제1언어 수업의 중요성을 배경으로 하여 유아의 국가적 · 문화적 · 언어학적 정체성이 유지되어야 한다.
2. 재학 기간에 유아는 제2언어에 대한 충분한 실력을 키워서 그 언어로 모든 수업 내용을 배울 수 있고 시험을 볼 수 있어야 한다.
3. 학년이 올라갈수록 제2언어나 제3언어로 수업 받는 시간이 많아진다.
4. 모든 유아는 동일하게 취급된다. 모든 유아가 의무적으로 제2언어, 제3언어를 선택해야 하며, 제3언어는 중등교육의 첫 학년부터 필수과목이 되어야 한다. 언어능력에 따른 분반은 하지 않는다.
5. 초등학교부터 다양한 언어 학급의 학생들에게 공통적인 내용이 교수되는데, 이는 통합을 위한 것이다. 이러한 공통 학습은 '유럽 시간'이라고 한다.

표 2-4 ● 초등학교 교육과정 학년별 제1언어와 제2언어 주당 수업 시간 수

초등학교 1, 2학년	
제1언어	16×30분
수학	8×30분
제2언어	5×30분
음악	3×30분
미술	4×30분
체육	4×30분
자연환경	2×30분
종교와 윤리	2×30분
레크리에이션	7×30분
총계	33×30분/주

에 특별한 노력을 기울인다. 그래서 기본적으로 제1언어로 학습하는 교육 기간에는 단일언어 학교와 비슷한 교육과정으로 운영된다.

초등학교에서의 제2언어교육은 전체 교육과정의 25% 정도이며, 구어(spoken language)에 중점을 두고 읽기와 쓰기는 중등학교로 미루어 둔다. 물론 읽기와 쓰기를 전혀 하지 않는 것은 아니고, 단지 관심을 적게 둔다는 의미다. 제2언어교육을 위한 교재는 어린이들을 위한 외국어 교육자료를 사용하지만, 제1언어로서의 교육자료도 이용한다. 유럽 학교에서의 제2언어교육은 다른 몰입교육 프로그램과 달리 처음부터 제2언어가 교육의 매개어가 되는 것이 아니라 제2언어를 우선 하나의 과목으로 배우기 시작해서 점차 제2언어로 학습하는 과목을 늘려 가는 것이다. 그리고 초등학교 교육과정에서는 앞에서 언급한 바와 같이 제1언어의 완성에 더 큰 비중을 둔다.

6) 싱가포르

싱가포르는 아시아 국가 중에서 교육경쟁력으로 주목받고 있는 국가다. 싱가포르는 국제교육성취도평가협회(IAE)에서 실시한 2003년도 국제 수학·과학 학력 조사에서 두 분야 모두 세계 1위를 차지한 저력이 있으며, 미국교육평가원(ETS)이 2005년 9월부터 2006년 12월 실시한 IBT토플 응시자의 성적을 국가별로 분석한 결과에서는 네덜란드, 덴마크에 이어 3위를 차지하기도 하였다. 아시아권 국가인 싱가포르에서 뛰어난 영어구사능력을 갖출 수 있었던 것은 싱가포르 특유의 이중언어정책과 몰입교육 덕택이다.

싱가포르는 1824년에 영국령으로 지배를 받기 시작해 1867년에는 직할 식민지로서 아시아 정책의 거점 도시로 활용되었다. 1965년에 독립한 싱가포르는 인구의 70% 이상이 중국계인 다민족국가로 영어, 중국어, 말레이어, 타밀어의 네 개 공용어를 사용한다. 그러나 영어를 통해서 현대화, 기계화가 이루어지면서 현실적으로는 영어가 제1언어의 기능을 하고 있다. 그러므로 'English-knowing Bilingualism'이라 불리는 싱가포르에서의 이중언어는 영어와 함께 또 다른 공용어의 언어사용능력을 의미한다.

싱가포르는 1956년에 공식적인 이중언어교육정책을 실시하였다. 이어 1987년에는 주요 교육의 매개어를 영어로 하는 국가적 차원의 교육제도를 도입하였다. 그러나 영어의 중요성과 동시에 각 민족의 고유한 전통과 문화 계승을 위한 모국어 교육 또한 강조하였다. 1989년 국회에서 교육부장관은 10개의 초등학교에 제1언어로서의 중국어(CL1), 제1언어로서의 영어(EL1)를 동시에 가르쳐 제1언어로서의 중국어(CL1)를 통해 아시아의 전통적인 가치를 깨우치도록 하는 이중언어교육을 선포하였다. 그리고 주민의 요구가 있을 경우 말레이시아어나 타밀어도 제1언어로 가르칠 수 있도록 하였다. 또한 중국어를 제2언어로(CL2), 말레이시아어와 타밀어를 제3언어로 하는 프로그램도 개발하여 영어와 함께 아시아 문화의 뿌리를 보존함으로써 서구화와 균형을 이루도록 하였다.

싱가포르의 유아들은 3세 때 유치원에 들어가는데, 대부분의 취학전 교육기관은 3세 유아들을 위한 보육반(nursery class)과 4~6세 유아들을 위한 유치반(kindergarten class)을 두고 있다. 학부모들은 유아들이 이들 교육기관에서 좋은 보살핌을 받으며 잘 놀고 있다는 데에 만족하지 않고, 유아들의 인지, 사회, 언어 발달에 관심을 가져 줄 것을 요구하며, 특히 초등학교에 들어가서 성취를 나타낼 수 있도록 영어와 제2언어의 교습을 기대한다. 이는 유아가 유치원을 졸업한 다음 진학할 초등학교를 결정하기 위해서 입학시험을 보게 되는데, 이 시험이 유아의 영어와 제2언어의 성취도에 큰 비중을 차지하고 있어 생긴 현상이다. 학부모의 이러한 기대는 취학전 교육기관이 몰입교육 프로그램을 운영하도록 유도하고 있다.

취학전 몰입교육기관의 교사들은 최소한의 필요요건을 갖춰야만 몰입교육을 위한 훈련 과정을 이수할 수 있다. 교사들이 학습 내용을 영어로 가르치기 위해서는 싱가포르 교육부와 영국고사처가 공동으로 관리하는 자격시험에 통과할 만한 수준의 영어 실력을 갖추고 있어야 한다. 보육시설 보조교사와 교사, 또는 감독관들은 국립교육원에서 취학전 몰입교육기관 교사들을 위한 교육을 받는다.

최근 싱가포르 교육부는 싱가포르의 유치원 교사들이 표준 영어를 사용하여 유아들을 교육할 수 있도록 'English Communication Skills(ECS) Course for Pre-School Educators'라는 교사교육 프로그램을 운영하고 있다. 이 프로그램은 유치원 교사를 대상으로 하는 필수교육은 아니지만 가능한 한 많은 교사들이 교육을 받도록 권장한다. 이 프로그램을 이수한 교사들은 Singapore Examinations and Assessment Board(SEAB)에서 주관하는 ECS 테스트를 받게 되며 시험을 통과한 교사는 SEAB 프로그램 이수 자격증을 취득하게 된다. 싱가포르 교육부는 교육부 홈페이지를 통해 학부모들이 각 유치원별로 ECS 프로그램을 이수하고 자격증을 받은 교사가 몇 명인지 교사교육 현황을 알 수 있도록 정보를 제공하고 있다.

취학전 학교에는 두 개의 언어를 익히고 능숙도를 향상시키는 데 도움이 될 만한 놀이자료 및 기구, 책, 쓰기도구 등이 갖추어져 있다. 실내에 있는 여러 가지 자료와 물건들은 유아들의 시각 어휘(sight vocabulary) 능력을 향상시킬 목적으로 두 언어로 씌어 전시되며, 다양한 색채의 도표도 목표 언어로 씌어 사용된다.

주로 언어와 수학이 기본교육과정으로 편성되어 있으나 유아들의 인지, 정서 발달 수준을 고려하여 학습과 관련한 스토리텔링, 음률, 미술, 요리 활동 등이 포함되어 있고 제1언어인 영어를 통해 교수된다. 유치부 1년(K1) 과정은 듣기·말하기 능력 발달에 중점을 두고, 유치부 2년(K2) 과정은 읽기, 쓰기, 수학에 중점을 둔다. 언어 기능 발달을 위한 교과목은 의사소통능력 발달에 도움이 되는 접근법을 채택하

그림 2-12 싱가포르 유치원 이중언어교육의 예: 어라이즈 유치원 영어 수업(왼쪽)과 중국어(CL2) 수업('Writing and drawing: About me') 장면(가운데, 오른쪽)

출처: http://arisekgn.org.

그림 2-13 싱가포르 유치원 이중언어교육의 예: 베타니 유치원의 수업 장면

출처: http://www.bethanyipc.org.sg/kindy.

그림 2-14 싱가포르 유치원 이중언어교육의 예: 캐노시안 컨버트 유치원의 영어 수업 장면

출처: http://veritas.org.sg.

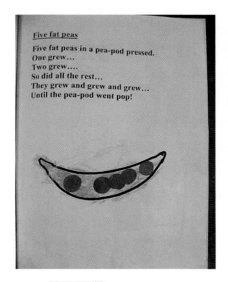

그림 2-15 싱가포르 유치원 이중언어교육의 예: 첸리 유치원의 영어활동 자료

출처: http://chenli.edu.sg.

고 주제별로 통합된 교육과정을 운영한다. 이러한 교육 방법은 초·중등학교에서 채택하고 있는 접근법 및 교육과정과 연계된다.

이와 같이 싱가포르는 정책 수립, 교육적 실천, 교육과정의 계획, 부모의 지원 등 여러 차원에서의 다양한 시도를 통해 국가 정체성을 확립하고, 동시에 국민들에게 국제화 기회를 제공하는 데 힘쓰고 있다.

7) 홍 콩

홍콩이 영국의 식민지가 된 이래로 홍콩 정부가 펼쳐 온 언어교육정책은 소극적이었다. 영어를 통해 교육받는 학생들은 극소수였고 대다수의 학생들은 중국어(광둥어)로 교육받았다. 1970년대 중반까지도 영어와 민족어인 중국어는 서로 분리되어 사용되었다.

그러나 1974년 홍콩의 첫 언어정책인 공용어령(Official Language Ordinance)의 발효에 따라 영어와 중국어가 정부 및 공무원과 일반 대중 사이의 의사소통을 목적으로 하는 공용어가 되었다(이기석, 2008). 이후의 20여 년은 이중언어교육이 이전의 엘리트교육에서 대중교육으로 전환되는 시기였다. 이 과도기에 많은 시행착오가 있었지만, 교육현장에서의 영어 사용이 증가하였다. 이 시기에는 영어를 교수매체로 사용하는 것에 초점을 맞춘 것이 아니라 교과목으로서의 영어에 주목하였기 때문에 한계가 있었다. 이어 1994년부터 1998년까지는 점진적으로 도입된 새로운 정책으로 점차 더 많은 교과목 수업을 영어로 진행하는 과감한 몰입교육을 실시하였다. 이러한 변화는 이중언어의 구사가 지도층에 들어서기 위한 전제조건이라는 인식이 학부모들 사이에 확산되면서 더욱 환영을 받았다.

그러나 1997년에 홍콩이 중국에 반환된 이후로 홍콩 주민들의 이중언어 열기가 영어에서 보통어(중국 표준어)로 방향이 전환되면서 영어를 중심에 둔 이중언어정책에 변화가 생기고 있다. 일례로 홍콩 반환 이전에는 중등학교의 60% 이상이 영어를 교육의 매체로 사용했지만, 반환 이후에는 25%만이 영어로 수업을 진행하고 있으며, 75%의 학교에서는 중국어로 수업을 진행하고 있다(김종훈, 2004). 따라서 홍콩에서는 이중언어를 넘어서 삼중언어교육이 진행되고 있는 실정이다.

다음은 유아를 대상으로 이중언어교육 프로그램을 운영하는 홍콩의 두 기관의 사례다. 홍콩에서 취학전 유아들을 대상으로 영어를 사용하는 교육은 국제학교나 사립 유치원에서 하는 부유층 교육의 일종이다. 일반 유치원에서는 주로 교육 언어가 광둥어(廣東語)이고, 따로 영어 수업을 진행하는 형태다. 여기에서는 영어를 매체로 사용하는 교육에 주목하는 만큼 전자의 사례를 살펴보고자 한다.

첫 번째 사례는 다양한 모국어 배경의 유아들에게 보통어와 영어를 주 언어로 사용하는 기관이다. 두 번째 사례는 영어를 모국어로 하는 아이들과 중국어를 모국어로 하는 아이들에게 보통어와 영어를 주 언어로 사용하는 기관이다.

(1) Tutor Time at Red Hill(http://www.tutortime.com.hk)

튜터 타임(Tutor Time)은 홍콩 타이탐에 위치한 유치원으로 미국에서 건너와 완전몰입 이중언어교육 프로그램을 성공적으로 시행하고 있는 최초의 유치원이다. 튜터 타임에 다니는 원아들은 다양한 언어와 문화적 배경을 가지고 있는 1~6세 유아들이다. 이들이 졸업할 때는 다른 사람에 대한 포용력과 자신감을 얻어 다문화 공동체의 일원으로 살아갈 준비를 할 수 있다. 졸업생들 일부는 홍콩에 있는 일반 초등학교에 입학하지만 상당수의 졸업생들은 홍콩에 있는 국제초등학교에 입학한다. 홍콩에는 국제초등학교도 그 종류가 다양하여 중국계 국제학교부터 영국 재단학교(English Schools Foundation: ESF), 독일과 스위스계 국제학교 등이 있다. 원아들이 지속적으로 우수한 국제초등학교에 입학 허가를 받는다는 사실은 이 유치원의 큰 자부심 중 하나다. 또한 튜터 타임은 교사 주도와 유아 주도가 어우러진 교육 환경 속에서 연령에 맞는 완전몰입 이중언어(보통어와 영어)교육 프로그램을 제공하고 있다. 이처럼 연령에 맞는 프로그램, 놀이 공간과 개인 공간을 제공하여 각 유아의 발달 과정에 적절한 요구에 따르도록 한 것이 이 유치원의 중요한 특징이다.

튜터 타임에서는 Tutor Time LifeSmart™라는 독자적인 프로그램을 운영하고 있다. 이는 피아제와 에릭슨, 비고츠키 등의 유아교육 이론가들의 연구와 가드너의 다중지능이론에 기반을 둔 프로그램이다. 모든 유아가 서로 다른 방식으로 학습한다는 전제하에 유아의 교육적 요구와 사회적 요구를 충족하기 위하여 고안한 프로그램이라고 할 수 있다. 이 프로그램은 삶에 필요한 넓은 의미의 기술을 개발하는 교육을 추구하고 있다.

튜터 타임에서는 보통어와 영어를 주로 사용한다. 오전 9시에서 낮 12시까지가 정규 교육 시간인데, 이 중 절반은 영어로, 절반은 보통어로 교육한다. 그리고 신청자에 한해 연장 프로그램을 운영하는데, 보통 영아의 경우 2시 30분까지, 유아의 경우 4시 30분까지 하는 연장 프로그램을 신청한다. 연장 프로그램을 신청한 원아들은 추가로 영어나 보통어로 진행하는 활동을 한다. 이 활동은 오전 중에 이루어지는 정규 교육 시간과 내용은 다르지만 동일한 형식—수학, 언어, 인성, 월별 주제활

그림 2-16   튜터 타임의 유아들

동 등—으로 진행된다. 연장 프로그램을 일주일에 며칠 동안 할 것인가 하는 부분
은 학부모의 자의적인 선택에 달려 있으며, 대부분의 원아들은 일주일에 3회(예를
들면, 월ㆍ수ㆍ금요일) 정도 참여한다.

튜터 타임에서의 이중언어교육 프로그램은 정규 교육 시간에 하는 프로그램과
동일한 형식으로 진행된다는 점이 눈여겨볼 만하며, 아이들이 정규 교육활동과 동
일한 맥락에서 자연스럽게 새로운 언어를 습득할 수 있다는 큰 장점이 있다.

(2) Discovery Mind Play Center & Kindergarten(http://www.dmk.edu.hk)

디스커버리 마인드 국제놀이센터/유치원(Discovery Mind International Play Center
& Kindergarten)은 홍콩의 디스커버리 베이에 위치한 사립 유치원으로 영어를 모국
어로 하거나 중국어를 모국어로 하는 3~6세 유아를 대상으로 한다. 1996년에 설

립된 이후 놀이와 학습의 조화를 기반으로 하여 유아가 책임감과 자신감을 개발할
수 있도록 운영하고 있다.

　디스커버리 마인드 유치원에서는 개별 유아의 발달을 최대한으로 장려하기 위
해 다목적 놀이방, 도서관, 음률실을 갖추고 있고, 유아의 특별한 관심 분야를 배
려하여 예술가 공간, 자연 공간, 가족 공간, 독서 공간 등을 마련하였다. 이 기관은
영아를 위한 보육시설, 영어를 주 언어매체로 사용하는 국제유치원, 그리고 이중
언어 유치원(Anglo-Chinese)의 세 가지 유형의 원으로 나누어져 있다. 각 유형의 원
은 9시부터 12시까지의 오전반과 1시 30분부터 4시 30분까지의 오후반으로 구분되
어 있다.

　디스커버리 마인드 유치원에서는 영어와 보통어를 일상 보육 시간에 함께 사용
함으로써 유아들이 명확하고 유창하게, 또한 예의바르게 이중언어를 구사할 수 있
도록 한다. 교사는 모두 자격을 갖춘 원어민 경력교사로 영어, 혹은 보통어(모국어)
로 아이들과 이야기를 나누고 경험을 나눈다.

　영어 프로그램은 영국의 Jolly Phonics System에 기반을 두고 있다. 영어 수업은
매일 30~40분 동안 영어 원어민 교사가 개별 유아의 요구에 반응하기 위해 일대일

그림 2-17　디스커버리 마인드 국제놀이센터/유치원의 유아들

읽기 활동으로 진행한다. 또한 보통어는 일주일에 두 차례 보통어 원어민 교사가 수업을 진행하며, 유아들은 노래와 게임 그리고 그 주에 진행되는 주제와 관련한 활동을 통하여 보통어를 익히게 된다.

이중언어 학급의 교육활동은 몬테소리와 함께 주제 중심 교육 프로그램으로 이루어지는데, '스스로 만들 수 있어요' '친구들과 가족' '자연' 등의 주간 주제는 유아들이 학습에 흥미를 가질 수 있도록 도와줄 뿐 아니라 일정 기간 하나의 주제로 활동을 진행하기 때문에 주제에 관해 깊이 있게 배울 수 있는 환경을 마련해 준다.

4. 우리나라 유아 영어교육의 현재와 미래

1) 유아 영어교육 현황

기존의 우리나라 유아 영어교육이 제2언어로서의 언어능력 향상에 초점을 두었다면, 이제는 급속한 국제화에 따른 이중언어 사용자의 필요성이 증가하고 있다. 즉, 영어를 제2외국어로 습득하는 것에 그치지 않고, 궁극적으로 모국어와 대등한 수준에서 구사하는 능력이 사회에서 요구되고 있다. 이에 따라 언어 습득에 민감기로 알려진 취학전 유아에게 모국어와 동일한 수준의 영어능력을 갖추도록 하는 유아 영어교육이 이루어지고 있다. 이러한 목적을 달성하기 위해 우리나라의 유아 대상 영어교육은 기존의 성인을 대상으로 한 영어교육의 틀을 가져와 그 연령대를 낮추고 시간을 확장하는 방법과 문화가 다른 영어권 국가들에서 시행되는 교육과정을 그대로 가져와 유아들을 장시간 영어 환경에 노출시키는 방법으로 이루어지고 있다.

영어가 모국어가 아닌 사람이 영어를 습득하는 방법으로는 ESL(English as a Second Language, 제2언어로서의 영어)과 EFL(English as a Foreign Language, 외국어로서의 영어)을 들 수 있다. ESL은 영어를 사용하는 환경에서 학습자가 영어를 배우는 것이고, EFL은 영어를 쓰지 않는 환경에서 영어를 배우는 것이다(김진영, 김현희, 김영실, 2000). 즉, 미국과 같이 영어권 국가로 유학 또는 이민 후에 이루어지는 영어 학습은 ESL 환경, 영어권 국가가 아닌 우리나라와 같은 환경에서 이루어지는 영어 학습은 EFL 환경으로 구분된다. 이러한 ESL과 EFL의 환경은 영어를 학습 목표로 두느냐 또는 영어를 학습을 위한 도구로 보느냐에 큰 차이가 있다. ESL 환경에서의 영어 학습은 의사소통과 다른 학습을 위한 도구로서의 의미에 초점을 두고 문화에 노출되면서 자연스러운 문화 습득이 함께 이루어지는 반면, 영어 학습을 다른 언어의 습득으로 보는 EFL 환경에서는 영어의 발음과 문법 그리고 어휘의 습득에 초점을 둔다. 우리나라 영어교육은 ESL의 효과를 기대하는 EFL 환경이라고 볼 수 있다.

우리나라의 유아교육기관에서의 유아 영어교육은 크게 세 가지 유형으로 나눌 수 있다. 2001년에 실시한 교육인적자원부의 조사에서는 전국 1,116개 사립 유치원 가운데 64.3%가 영어를 특기활동으로 가르친다고 보고하였다(현재는 이 비율이 더 높아진 상태다.). 이와 같이 어린이집이나 유치원 등의 유아교육기관에서 이루어지는 주 1~2회에 걸친 30~60분 수업의 특별활동형 영어수업이 주를 이룬다. 그리고 우리나라 유아를 대상으로 인지적인 영어교육 위주의 교육과정을 도입하여 모든 활동을 영어로 진행하는 영어유치원이 있다. 마지막으로 외국 국적을 가진 유아를 대상으로 미국 등의 교육과정으로 수업을 진행하는 외국인학교 내의 유치원이 있다.

미취학 영유아를 둔 어머니들을 대상으로 조사한 결과, 조기 영어교육을 위해 일반 유치원 또는 어린이집의 영어교육 프로그램을 이용하는 경우가 70%, 시중 영어 동화책, 오디오테이프, DVD 등을 사용하여 어머니가 직접 교육하는 경우는 38.1%였고, 영어유치원에 보내는 어머니는 7%, 영어마을이나 다른 방법을 활용하는 경우는 1.6%로 나타났다(복수 응답). 이렇듯 우리나라의 유아 조기 영어교육은 일반 유치원 또는 어린이집에서 이루어지는 유아 영어교육 프로그램이 주를 이룬다고 볼 수 있다. 일반 유아교육기관의 영어교육 프로그램은 외부 프로그램을 도입하는 경우가 70~80%로 가장 높은 비율을 차지하며(장복명, 임원식, 1999; 정승혜, 2005)

유치원 자체 프로그램 또는 영어 담당교사가 준비하는 경우는 30%도 되지 않는 것으로 보고되었다. 이러한 영어교육 프로그램은 정규 수업 시간 내에 우리말로 진행하는 경우가 많으며 대집단 수업 구조로 주 2~3회에 걸쳐 실시되고 있다. 각 수업은 1회에 20~30분 내로 진행되며, 주로 단어 학습 강화와 말하기에 초점을 둔 교사 위주의 수업이다.

이러한 유아교육기관에서의 영어교육 담당교사의 분포는 담임교사가 수업하는 경우가 20%, 한국인 영어교사 71%, 외국인 영어교사 7%(김성민, 2003; 이대균, 백경순, 정명자, 2006)로 한국인 영어전담교사가 수업을 진행하는 경우가 대부분이다. 외부 유아 영어교육 프로그램을 도입하는 일반 유아교육기관에서 영어를 가르치는 파견 영어강사를 대상으로 조사한 최재영(2007)의 연구에 따르면, 파견 영어교사의 교육배경은 유아교육 전공자가 22.6%, 유아학 전공자가 11.4%, 유아영어와 관련 없는 전공 출신이 66%로 가장 많았다.

'영어유치원'이란 일반적으로 조기 영어교육을 목적으로 미취학 영유아들을 대상으로 모든 활동과 교육과정을 영어로 진행하는 유아교육기관을 말한다. 이러한 기관들은 유치원으로 정식 허가를 받지 않고 사설 영어전문학원 혹은 대학기관에서 유아 대상 영어 프로그램을 고안하거나 프로그램의 일부를 외국에서 도입해 사용한다(윤여일, 2009). 따라서 정식 '유치원'에 해당하지 않는 교육기관이지만 여기에서는 실제적으로 통용되고 있는 대로 같은 표현을 사용하기로 한다. 현재 대부분의 영어유치원은 학원으로 인가를 받아 운영되고 있기 때문에, 기관의 성격을 정확히 정의하거나 통계를 파악하기 어려운 것이 현실이다.

일반적으로 이러한 기관에서의 수업은 한국어를 사용하는 한국인 교사와 외국인 교사 또는 영어가 능숙한 교포 내지는 외국 거주 경험이 있는 한국인 교사가 팀을 이루어 진행한다. 교실 안에서는 영어만 사용하도록 제한하는 경우가 대부분이며 영어를 사용한 놀이, 게임, 손유희 등을 주로 한다(남영필, 2002). 서울시의 영어유치원에 대한 윤여일(2009)의 연구에 따르면 기관의 수는 서울에 3,000여 곳, 전국적으로 1만 여 곳이 운영되고 있다. 영어유치원의 경우 대부분 한 학급의 인원수가 10명이하이며, 전인교육을 목표로 하는 유치원식 교과과정을 채택하여 언어, 수학, 과학, 미술, 음악, 신체활동, 견학, 각종 행사 등을 통해 살아 있는 영어를 습득하도록 한다고 광고하지만 실제로는 여러 가지 문제점이 제기되고 있다(김명신, 2006).

2) 문제점과 개선 방향

(1) 교사 파견 영어교육의 문제점

현재 많은 유아교육기관에서 도입하고 있는 영어교육 프로그램은 외부강사를 통해 대집단 유아를 대상으로 우리말로 진행되는 주 2～3회 30분 정도의 수업이 대부분이다. 이는 조기 영어교육에 대한 학부모들의 요구와 기관 간의 원아모집 경쟁에 따른 현상이다. 이러한 형식적인 영어교육은 영어 환경 노출 시간이 매우 제한적이기 때문에 궁극적인 조기 영어교육의 목적을 달성하기에 역부족이다. 또한 외주 프로그램은 수업의 내용보다는 수업 시간, 수업 교재, 유아들의 흥미도 등 운영에 요구되는 외적 요소만으로 선정되는 것이 일반적이다.

이러한 위탁 영어교육은 프로그램 제공자인 교재개발회사와 판매하는 공급회사, 파견강사를 통해 기관에 제공된다. 이 세 주체는 동일한 회사와 그 소속 직원이 아니라 대부분 독립적인 사업체이기 때문에 영업과 수익성의 관점에서 상호작용이 이루어진다. 이러한 외주 프로그램들은 영어 수업 내용이 다른 교과 내용 및 활동과 연계되기 어렵다. 짧은 시간 만나게 되는 영어교사와 유아들 간에 친밀감이 형성되기 어렵다.

일부 수업 시간에만 이루어지는 영어교육 방식으로는 일과 전체에 따른 일상생활 지도가 불가능하다. 따라서 유아들의 일상생활과 분리된 단편적인 영어교육이 이루어지기 쉽다.

파견 영어교사 중 상당수는 유아 영어교육과 관련 없는 교육배경을 가진 것으로 나타나(최재영, 2007) 교사의 자격관리가 미흡함을 볼 수 있다. 또한 교사의 영어실력 향상을 위한 연수나 재교육이 실시되지 않아, 파견교사의 영어능력은 전적으로 교사 개인의 역량과 노력에 달려 있다.

수업 내용과 관련해서도 프로그램 공급 업체나 유치원 어느 쪽에서도 관여하지 않기 때문에 평가가 어렵다. 학부모들은 유아들의 호응 정도에 의존하는 경향을 보이고, 이 때문에 바람직한 영어교수법보다는 흥미를 유도하기 위한 다양한 놀이 또는 비디오와 같은 방법으로 수업이 진행되기도 한다. 또한 파견 교사들은 주어진 교재와 교구를 20~30분 만에 모두 소화해야 하기 때문에 주체적으로 수업 내용을 확장하거나 연계하기 어렵다(최재영, 2007).

(2) 영어만 사용하는 유아교육의 문제점

현재 우리나라의 유아 영어교육은 영어를 제2외국어로 습득하는 EFL 환경에서 이루어진다. 때문에 점점 더 많은 학부모들이 자녀를 영어 환경에 좀 더 노출시키기 위해, 비싼 교육료에도 불구하고 영어만 사용하는 이른바 '영어유치원', 즉 유아 대상 영어학원에 보내고자 한다. 하지만 어린 연령의 유아들을 대상으로 영어만 사용하는 교육 방식은 많은 문제점을 낳는다.

가정에서는 한국어만 사용하는 유아들이 기관에서 갑작스럽게 영어에만 노출되는 것은 정서적인 문제를 야기할 수 있다. 영유아기에는 발달적으로 일관된 환경의 제공과 안정감이 매우 중요한데 주 사용 언어가 한국어인 유아가 기관에서 영어만 사용하게 되면 심각한 부적응문제가 나타날 수 있다. 보거나 듣고 이해할 수 없는 언어에 강압적으로 노출되는 유아들은 감당할 수 없는 스트레스를 경험하기 쉽다. 유아기에 이루어지는 성인과의 다양하고 안정적인 상호작용은 지적·사회적·정서적 발달의 결정적 시기인 유아기 발달에 매우 중요한 요소다. 하지만 외국인 교사와의 의사소통이 어려우면 유아는 불안감을 느끼고, 친밀감 형성에 실패할 수 있다. 인성과 사회성이 발달해 가는 과정의 유아들은 자신의 감정과 욕구를 이해하고 표현할 수 없게 될 때 정신적, 심리적으로 많은 스트레스를 받는다. 영어로만 이루어지는 영어유치원의 생활로 언어적 장벽이 생겨 교사들과 정서적 교감이 어려울 수 있다(윤여일, 2009). 따라서 일방향의 교육과 유아들의 수동적 참여만 가능할 뿐,

능동적인 상호작용이 일어나기 어렵다. 과잉자극 속에서 유아의 감정과 욕구가 표현될 수 없으면 유아의 스트레스는 심각해질 수 있다. 이 경우 영어교육이 오히려 영어에 대한 두려움 또는 거부감을 형성하기도 한다.

원어민 교사들은 영어교육 전문가이기는 하지만 유아발달과 유아교육 전문가들이 아닌 경우가 대부분이다. '영어유치원에서 영어교육을 담당하는 원어민뿐 아니라 한국인 교사까지 포함해도 이들의 전공은 대부분 영어로, 유아교육을 전공한 경우는 거의 없는 실정이다(김성민, 2003; 이대균, 백경순, 정명자, 2006). 이들에게 유아발달에 대한 인식, 교사로서의 자질 및 정서적 교감능력이 부족할 경우, 유아기에 필요한 인성교육이 제대로 이루어질 수 없다. 담임교사와 영어교사가 분리된 경우 상호 연계가 없어 유아의 관심과 요구를 반영할 수 없다. 외국인 교사들은 일반적으로 단기간 한국에 체류하는 경우가 많고 이직률이 높기 때문에 교사경력이 짧은 경향을 보이며, 다른 교사진과의 의사소통이 어려운 것도 문제점이다(윤여일, 2009).

유아기에 영어만으로 기관교육이 이루어질 경우, 부모와 유아 모두 모국어의 우수성과 절대적 필요성에 둔감해질 수 있다. 이 경우 유아의 정상적인 언어발달이 저해될 수 있다. 영어능력의 성취와 별도로, 모국어능력은 인생에 걸쳐 확립되어야 할 중요한 자질이다. 유아기부터 또래 간의 경쟁을 통해 영어능력의 향상만을 강조할 경우, 말하기, 듣기, 읽기, 쓰기에 대한 모국어 습득은 지체되고, 모국어의 의미마저 체화되지 않을 수 있다.

외국의 유명하고 비싼 영어교육 프로그램이라 하더라도 문화적 차이로 문제가 발생할 수 있다. 영어권 국가의 유치원 교육과정은 영어가 모국어인 유아들을 위한 프로그램이므로 이것을 그대로 같은 연령의 우리나라 유아들에게 적용하기는 어렵다. 조기 영어교육의 열풍으로 유아에게 점점 더 높은 수준의 영어를 요구함에 따라 발달적으로 적합하지 않은 영어 교수가 이루어질 우려가 있다.

인가와 평가인증을 받지 않은 사설학원에서의 교육은 발달적으로 적합하지 않은 공간과 교육 방식을 피하기 어렵다. 유치원보다 설립이 쉽고 규제도 까다롭지 않은 (윤여일, 2009) 대부분의 유아 대상 영어전문기관은 건물의 한 층 전체 또는 일부를

임대하여 사용하는데, 유아들을 위한 놀이공간이 부족하고 실외 놀이공간은 아예 없기 때문에 유아들은 아침부터 오후 2, 3시까지 좁은 교실을 전전하며 지내게 된다. 같은 공간에서 초·중등부 수업이 함께 이루어지는 경우도 많아 한창 활동이 왕성한 유아들에게 부적절한 환경이라 할 수 있다.

(3) 유아 이중언어교육 프로그램을 통한 개선 방향

모국어를 완전히 습득하지 않은 학령전 유아의 외국어 학습에서는 일상생활 및 다른 영역의 학습과 밀접하게 연계된 의미 중심적인 언어 내용이 제공되어야 하고, 유아는 그 안에서 자기 주도적으로 언어활동을 할 수 있도록 장려되어야 한다. 유아들은 자발적인 동기와 관심에 따라 학습하기 때문이다.

또한 유아의 발달적 특수성을 이해하여 유아의 흥미와 요구를 이해할 수 있는 전문적인 지식을 가진 영어능숙자가 교수할 때 효과적인 유아 영어교육이 비로소 가능하다. 단기적이고 형식적인 영어 수업을 벗어나 유아의 실제 관심사 및 일반 교육활동과 밀접하게 연계된 교육활동이 구성되어야 한다. 또한 교사와의 안정적인 애착관계에서 꾸준하고 지속적인 영어자극 노출이 가능하다면 자연스러운 영어 환경의 조성이 가능할 것이다.

이에 따라 모국어와 영어의 학습을 동시에 추구하며, 기관에서의 일상생활과 주제탐구 표현활동을 통해 언어능력을 향상시키는 데 목적을 두는 유아 이중언어 통합교육 프로그램을 구성하였다.

제3장
유아 이중언어 통합교육 프로그램의 구성과 운영

1. 프로그램의 목표

유아 이중언어 통합교육 프로그램의 목표는 한국어를 모국어로 하는 유아들이 영어를 제2언어로 자연스럽게 습득하도록 돕는 것이다. 이를 구체적으로 기술하면 다음과 같다.

- 주제탐구 표현활동으로 이루어지는 통합교육을 통해 전인적인 발달을 도모하면서 특히 언어에 대한 감각을 높인다.
- 듣기, 말하기, 읽기, 쓰기의 균형 잡힌 언어 지도를 통해 모국어 발달이 바람직하게 이루어지도록 돕는다.
- 일상생활과 사회적 상호작용을 통해 영어를 자연스럽게 접하는 이중언어 환경을 제공한다.

2. 프로그램의 구성 원리

유아 이중언어 통합교육 프로그램은 프로젝트 접근법을 취하는 '주제탐구 표현 활동'을 통해 유아들이 한국어와 영어를 함께 활용하도록 한다. 구체적인 프로그램의 구성 원리는 다음과 같다.

• 주제탐구 표현활동으로 모국어인 한국어와 제2언어인 영어를 함께 지도한다.
  - 탐구할 대주제와 소주제 및 탐구·표현 방법은 유아들과의 논의를 통해 함께 결정한다.
  - 구체적인 활동을 실시하면서 한국어와 영어를 함께 사용한다.

• 의사소통 중심 접근(communication approach)으로 실생활에 필요한 언어를 지도한다.
  - 유아들이 기관, 가정, 지역사회에서 실제로 사용 가능한 영어를 모국어와 함께 지도한다.
  - 유아들이 언어가 사용되는 사회적 상호작용의 맥락을 통해 언어의 의미를 파악하도록 한다.

• 외국어 학습에 따른 유아들의 심리적 부담감을 최소화시킨다.
  - 조기 영어교육으로 유아들이 스트레스를 받지 않도록 배려한다.
  - 동적인 활동과 정적인 활동, 실내활동과 실외활동 간의 균형을 꾀하며, 기관 주변의 자연환경을 최대한 이용하여 유아들이 자유롭게 뛰어놀 수 있도록 한다.
  - 영어로 이루어지는 의사소통의 즐거움을 느끼도록 놀이 중심의 활동을 제공한다.
  - 한국어와 영어를 함께 사용하여 의사소통의 어려움이 없도록 한다.

– 영어 의사소통의 성취 경험을 주어 동기를 증진시킨다.

• 연령이 증가할수록 영어 사용 비율을 높인다.
    – 교사들은 만 3세아를 대상으로 단문 중심의 일상적인 생활영어 표현을 사용하고, 기초 수준의 영어 어휘를 한국어와 함께 소개한다. 유아들과 함께하는 활동에서 한국어와 영어의 사용 비율은 70:30 정도로 한다.
    – 교사들은 만 4세아를 대상으로 생활영어 표현을 반복적으로 사용하고, 유아와 활동을 진행하면서 한국어와 영어의 사용 비율을 60:40 정도로 한다.
    – 교사들은 만 5세아를 대상으로 생활영어 표현을 반복적으로 사용하고, 유아와 활동을 진행하면서 한국어와 영어의 사용 비율을 50:50 정도로 한다.

• 듣기, 말하기, 읽기, 쓰기의 균형을 맞추어 영어 지도를 실시한다.
    – 듣기와 말하기가 동시에 이루어지는 대화 중심의 영어 사용을 격려한다.
    – 주제탐구 표현활동의 마무리활동을 영어 연극, 뮤지컬 등으로 실시하여 영어를 듣고 말하는 활동에 자신감을 갖게 한다.
    – 영어에 대해서도 발달적으로 적합한 문해발달이 이루어지도록 지도한다. 관습적인 조기 문자교육을 지양하고, 유아들이 알파벳에 관심을 보일 때 이에 반응한다.
    – 발달 수준에 적합한 그림책을 주제에 맞게 폭넓게 활용하여 영어를 접하도록 한다.
    – 양질의 영어 그림책을 갖춘다.
    – 교사들은 개별 또는 소집단 유아에게 반복적으로 그림책을 읽어 준다.
    – 교사들은 실물화상기와 스크린 등을 이용해 대집단 유아에게 그림책을 읽어 준다.
    – 교사들은 활동 주제 및 개인별 관심사에 따라 유아가 기관에서 접한 그림책 정보를 부모들에게 제공한다.

• 이중언어를 효율적으로 접할 수 있는 언어 환경을 구성한다.

- 원어민의 발음을 충분히 들을 수 있도록 반복듣기 기능이 있는 교구, 오디오 테이프, CD와 DVD 타이틀 등을 다양하게 구비한다.
- 유아들이 스스로 녹음해 볼 수 있게 녹음기와 마이크를 비치한다.
- 풍부한 문해 환경을 구성하기 위해 기관 벽면에 한국어와 영어로 된 다양한 인쇄물을 게시한다.
- 각 교실의 언어 영역과 도서실에 양질의 영어 그림책을 비치한다.
- 유아들이 글자놀이와 긁적거리기, 쓰기를 할 수 있도록 글자모형, 자석 글자, 게임, 칠판, 모래, 다양한 규격과 색상의 종이, 색연필, 연필, 붓, 크레파스와 마커 등의 필기도구를 곳곳에 비치한다. 특히 다양한 필기도구는 이동용 수레에도 담아 두어 실내·외에서의 활용도를 높인다.

3. 프로그램 운영 방안

유아 이중언어 통합교육 프로그램은 아동학 또는 유아교육학 전공자로 영어에 능숙한 교사진이 실시한다. 이 프로그램에서는 두 가지 방식으로 영어를 지도하는데, 한 가지는 기관에서 이루어지는 유아들의 일상생활에서 영어로 의사소통을 하는 방식이고, 다른 한 가지는 주제탐구 표현활동을 한국어와 함께 영어로 실시하는 방식이다.

교사들은 인사말, 부탁, 집중 유도, 활동 간의 전이 상황에서 쓰는 표현 등 일과 중에서 반복되는 언어 표현을 영어로 사용하여 유아들이 듣고 말하는 데 익숙해지도록 한다(이런 표현은 부록에 따로 제시하였다.). 또한 이러한 표현과 함께 일과 운영을 돕는 영어 노래, 예를 들면 인사 노래, 식사 노래 등도 반복적으로 사용하여 유아들이 영어에 친숙해지도록 한다.

주제탐구 표현활동을 통해 이루어지는 영어 지도는 다양한 통합활동의 형식으로 진행된다. 탐구할 주제가 정해지면, 유아들의 질문을 목록화하고 주제망을 구성하며 함께 탐구하고 표현할 구체적인 방식을 논의한다. 이러한 논의에 따라 계획된 활동은 도입활동과 전개활동, 마무리활동으로 나누어진다. 도입활동은 각 주제에 대한 흥미를 유발하면서 초기에 접근하기 위한 것이고, 전개활동은 본격적인 주제 탐구와 표현활동이며, 마무리활동은 장기간에 걸친 프로젝트를 정리하고 성과를 나타내는 기회로서, 영어 연극, 뮤지컬, 잔치, 작품전시회 등을 실시한다. 각 활동은 연령과 활동 내용에 따라 30~50분 정도로 계획한다.

　계획안은 유아들의 주의 집중력을 고려하여 책 읽어 주기, 노래 지도, 이야기 나누기, 미술활동 등을 포함해 몇 가지 활동으로 구성한다. 프로그램의 실제 부분에서 제시한 만 3세, 만 4세, 만 5세 대상 계획안은 활동 목표, 언어 목표, 소요시간, 준비물, 준비사항, 활동 진행 순서, 유의사항, 확장활동 및 활동에 이용되는 영어 노래와 그림책에 대한 정보가 포함된다. 목표는 활동 목표와 언어 목표로 구분하여 나타내고, 준비 사항은 활동을 실시하기 위해 교사가 미리 준비해야 할 부분이며, 활동 진행 순서는 교사의 언어 표현을 포함한 구체적인 교육 계획을 말한다. 우리말 표현과 영어 표현이 함께 제시되어 있는데, 유아들의 연령과 언어발달 수준을 고려하여 영어의 비율과 제시 순서를 결정한다.

4. 프로그램 평가

　평가는 일정한 준거에 따라 어떤 자료와 방법이 목적을 위해 가치 있는지 판단하는 활동 혹은 성장을 위한 영역과 방향을 결정하기 위해 비교하는 과정을 의미한다(이현섭 외, 2002). 적절한 환경과 프로그램의 제시, 영유아의 발달 과정, 창의력 개발과 잠재력 신장 등의 실현 과정을 살펴보고 목표가 어느 정도 성취되었는지 알아보기 위해 평가가 필요하다(이순형 외, 2009). 이러한 평가는 유아들이 이 책에서 제시된 프로그램을 경험함으로써 어떻게 변화되었는지 알아보기 위한 과정으로 개별 유아는 물론 유아 집단을 위한 교육을 계획하는 데 중요한 자료가 된다.

평가의 목적은 유아의 현재 수준을 올바르게 파악하여 적절한 도움을 주고 유아의 현재 수준과 과거 수준을 비교하여 발달 정도를 알아보는 것이다. 이는 다음 단계로의 발달을 돕는 자료로 활용할 수 있으며 교사가 의사결정을 하는 데 기초 자료로 도움을 준다.

일반적으로 프로그램 평가 기준은 프로그램이 가치를 두고 추구하는 목표, 프로그램 실행 과정의 실용성, 프로그램이 목표한 바에 대한 성취도, 기대하지 않았던 부가적 효과(이은혜, 1995) 등을 고려하여 설정되며, 이 밖에 프로그램의 구성 요소와 효율성, 지역사회에 대한 기여도 등을 평가 기준으로 설정하기도 한다. 프로그램 평가는 크게 형성평가와 총괄평가로 나눌 수 있다.

1) 형성평가와 총괄평가

형성평가는 교수·학습 과정이 전개되는 과정에서 유아가 교육 목표를 어느 정도 달성해 가고 있는지, 그리고 교육활동은 계획대로 진행되고 있는지 등을 평가하는 것이다. 형성평가는 교사와 같은 내부인이 수행하며 일화기록, 행동목록표, 유아의 표현활동 자료, 교사-부모 면담자료, 표준화 검사, 교사가 제작한 비형식적 검사, 포트폴리오 등을 평가 방법으로 사용한다(이순형 외, 2009). 형성평가를 통해 교사는 자신이 초기에 설정한 목표가 유아에게 발달적으로 적합한지 지속적으로 파악하고 그 결과에 따라 프로그램의 내용과 방향을 수정한다.

총괄평가는 프로그램의 주요 효과와 프로그램 내용 및 방법의 적절성을 검증하기 위한 것으로, 프로그램이 마무리되었을 때 실시한다. 그러므로 총괄평가에서는 프로그램의 초기 목표가 프로그램이 끝나는 시점에 달성되었는지, 유아와 교사 및 부모에게 어떠한 영향을 주었는지, 계속 프로그램을 지속시킬 가치가 있는지를 결정하기 위한 자료를 수집하고 분석한다(이은혜, 1995). 총괄평가의 결과는 향후 실시될 프로그램에 가이드라인을 제공하는 역할을 한다.

본 프로그램은 유아에게 자연스러운 이중언어 환경을 제공함으로써 두 개의 언어를 사용하고 이해할 수 있는 능력을 길러 주는 것을 목표로 하기 때문에, 형성평가와 총괄평가를 실시할 때 유아의 두 개의 언어능력이 어느 정도 향상되었는지 평가해 보는 것이 중요하다.

2) 평가 방법의 예

(1) 관찰

관찰을 통해 평가할 경우, 교사는 프로그램이 진행되는 과정에서 유아가 좌절하는 모습을 보이는지(예를 들어, 과제를 혼자 수행하지 못하는 것), 지겨워하는 모습을 보이는지 세심하게 관찰해야 한다. 만약 유아가 스스로 과제를 수행하지 못하여 좌절감을 보인다면 프로그램이 유아에게 너무 어렵다는 뜻이다. 반대로 유아가 지겨워하는 모습을 보인다면 프로그램이 유아에게 너무 쉽다는 뜻이다.

아울러 프로그램에 참여하는 유아가 교사와의 상호작용을 어떻게 하는지 살펴보아야 한다. 유아는 교사와 눈을 맞추는가? 유아가 처음 접하는 영어 단어를 들었을 때 따라하려고 노력하는가? 유아가 프로그램에 참여하면서 보이는 세부적인 반응들은 교사에게 매우 중요한 자료가 된다.

(2) 체크리스트

교육계획안을 바탕으로 계획한 활동 목표와 언어 목표를 체크리스트를 이용하여 유아의 활동을 매일 평가하는 것이다. 예를 들어, '감각(five senses)'을 다루는 주간의 일일활동이 'What do you hear?'라고 하자. 이 날의 활동 목표는 '청각에 대하여 알아보기'다. 언어 목표는 ① To learn about how to ask/answer what we hear, ② To learn about names of _____, ③ To learn about how to follow the instruction이다. 이날 유아 평가에 사용될 수 있는 체크리스트의 예는 다음과 같다.

- 유아가 'What do you hear?'라고 질문할 수 있는가?
- 유아가 'What do you hear?'라고 질문을 받았을 때, 자신이 들은 소리를 'I hear _____'라고 대답할 수 있는가?
- 유아가 위에서 배운 문장을 다르게 활용할 수 있는가?
- 교사가 전신반응(TPR) 지도를 했을 때 유아가 올바르게 따를 수 있는가?

〈표 3-1〉은 교사가 참고할 수 있는 유아의 연령별 언어발달 체크리스트다. 다만 영어 환경에서 생활하는 유아들이 기준이므로 이중언어 환경의 유아들에게 적용할 때는 주의가 필요하다.

표 3-1 ● 유아 연령별 언어발달 체크리스트

연령	언어발달 사항
만 2~3세	• 신체 부위를 구분한다. • 인형과 '대화'한다. • 'what's that ~(그게 뭐야?)'과 'where's my ~(내 ○○ 어디 있어?)'와 같은 질문을 한다. • 'no want'와 같이 두 단어를 조합하여 부정문을 만든다. • 복수를 사용한다(book → books). • 450여 개의 단어를 안다. • 이름을 말할 수 있고 손가락으로 자신의 나이를 말한다. • 명사와 동사를 조합해 말한다(mommy go). • 쉬운 시간의 개념을 이해한다(어젯밤, 내일). • 자신을 이름 대신 '나(me)'로 지칭한다. • '나 좀 보세요(watch me)'라고 말하며 성인의 관심을 끈다. • 같은 이야기를 반복적으로 듣기를 좋아한다. • 성인뿐 아니라 다른 유아와도 이야기한다. • 때리거나 우는 방법 대신 말로 문제를 해결한다. • '어디(where)'라는 질문에 대답을 한다. • 친숙한 그림과 사물을 명명한다. • '더 주세요(me want more)'나 '쿠키 주세요(me want cookie)'와 같은 짧은 문장을 말한다.

〈계속〉

만 3~4세	• 서너 가지 색깔을 짝지을 수 있고 크다(big)와 작다(little)를 안다. • 이야기를 해 줄 수 있다. • 네다섯 개의 단어로 문장을 만든다. • 약 1,000개의 단어를 안다. • 적어도 한 가지 색깔의 이름을 말한다. • '어제(yesterday)' '여름(summer)' '점심시간(lunchtime)' '오늘밤(tonight)' '작은-큰(little-big)'을 이해한다. • '블록을 의자 밑에 놓으세요(put the block under the chair)'와 같은 요구를 따르기 시작한다. • 자신의 성(이름)을 알고 사는 동네와 몇 가지 동요(nursery rhymes)를 안다.
만 4~5세	• 네다섯 개의 단어로 문장을 만든다. • 과거형을 정확히 사용한다. • 약 1,500개의 단어를 안다. • '빨강(red)' '파랑(blue)' '노랑(yellow)' '초록(green)'을 가리킨다. • 세모, 동그라미, 네모를 구분한다. • '아침에(in the morning)' '다음(next)' '정오(noontime)'를 이해한다. • 'I hope'와 같은 상상의 상황에 대해 말할 수 있다. • 질문을 많이 하며 '누구(who)'와 '왜(why)'를 물어본다.
만 5~6세	• 대여섯 개의 단어로 문장을 만든다. • 약 2,000개의 단어를 안다. • 사물을 사용법에 따라 정의하고(예를 들면, 포크로 음식을 먹어요) 사물이 무엇으로 만들어졌는지 말한다. • '위(on top)' '뒤(behind)' '멀리(far)' '가까이(near)'와 같은 공간적 관계를 안다. • 집 주소를 안다. • 동전을 구분한다(10원, 50원, 100원). • '큰-작은(big-little)'과 같은 일반적인 반대말을 안다. • '같다(same)'와 '다르다(different)'를 이해한다. • 열 개의 물건을 센다. • 정보를 알기 위해 질문을 한다. • 자신의 왼손과 오른손을 구분한다. • '밥 먹은 다음에 상점에 가자(let's go to the store after we eat)'와 같은 다양한 문장을 사용한다.

출처: Learning Disabilities Association of America(1999). Speech and Language Milestone Chart.

(3) 교사 평가

　유아에 대한 평가 이외에도 교사 자신에 대한 평가 또한 이루어져야 한다. 전체 활동 및 교수 자료를 정리하면서 교사는 교육 목표에 얼마나 근접하였는지, 영역별 통합은 잘 이루어졌는지, 발달 단계에 맞는 흥미 있는 주제였는지, 주제 접근을 위한 자원의 지원은 풍부하였는지, 사고의 확장을 위한 교사의 질문은 개방적이었는지 등을 평가한다.

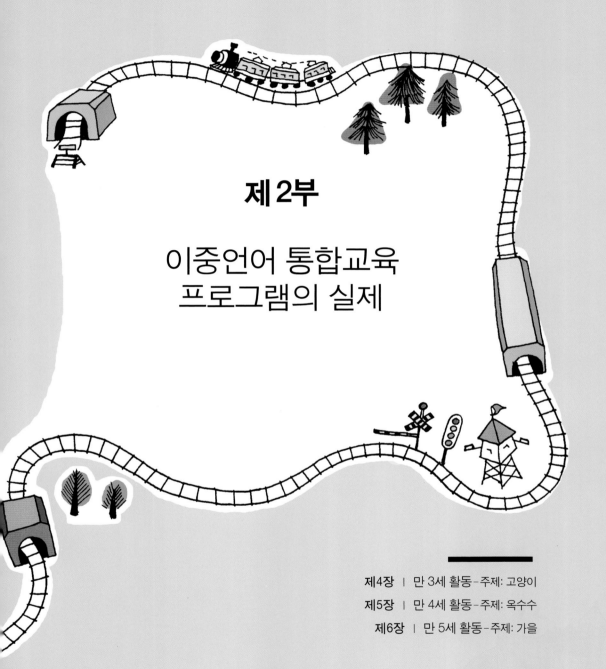

제2부

이중언어 통합교육
프로그램의 실제

제4장
만 3세 활동-주제: 고양이

1. 주제 선정 이유

주제탐구 표현활동은 유아가 관심을 가지고 있는 한 가지 주제를 자발적으로 선정하여 적극적으로 탐색하고 조직화하는 과정으로 '고양이' 라는 주제는 유아가 일상에서 쉽게 경험할 수 있는 흥미로운 대상이다. 유아에게 친숙한 고양이를 중심으로 동물에 대한 다양한 탐구로 확장시키고자 한다.

유아기는 다양한 사회적 관계를 형성하는 시기로, 다른 사람에 대한 배려와 관심을 가질 수 있도록 도움을 주는 것이 중요하다. 만 3세 유아에게 동물을 사랑하는 마음을 가지게 함으로써 유아와 동물의 관계를 통해 더 넓은 주변 세계에 관심을 갖도록 할 수 있다.

효과적인 이중언어교육을 위해서는 다양한 활동으로 자연스러운 이중언어 환경을 조성하는 것이 필요하다. 고양이와 같이 유아에게 흥미로운 주제에 대해 영어와 한국어를 동시에 반복적으로 사용하는 자연스러운 이중언어 환경을 조성할 수 있는 활동을 제시해 보고자 하였다.

2. 주제망

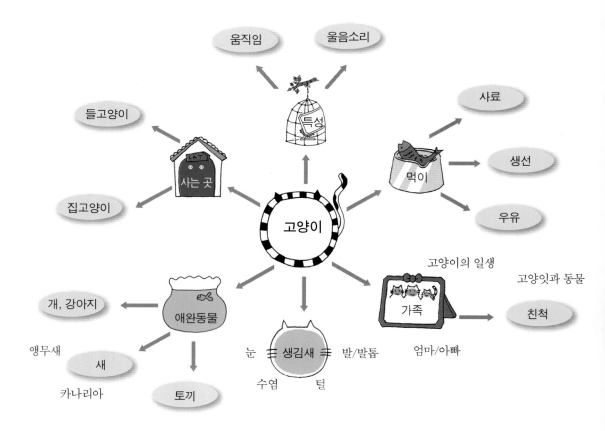

3. 영역 연관 활동망

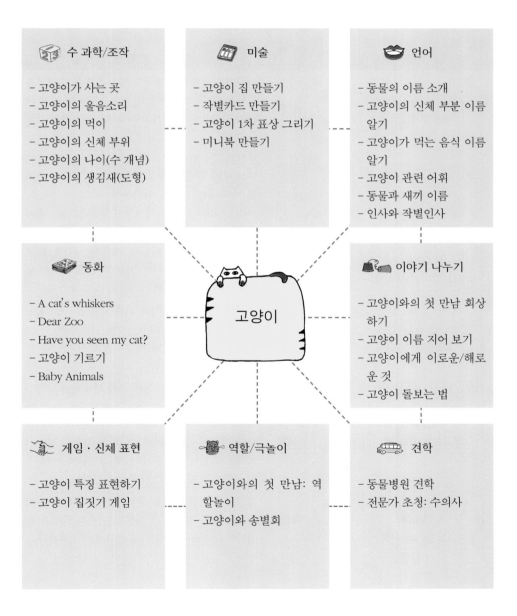

🔢 수 과학/조작

- 고양이가 사는 곳
- 고양이의 울음소리
- 고양이의 먹이
- 고양이의 신체 부위
- 고양이의 나이(수 개념)
- 고양이의 생김새(도형)

🎨 미술

- 고양이 집 만들기
- 작별카드 만들기
- 고양이 1차 표상 그리기
- 미니북 만들기

👄 언어

- 동물의 이름 소개
- 고양이의 신체 부분 이름 알기
- 고양이가 먹는 음식 이름 알기
- 고양이 관련 어휘
- 동물과 새끼 이름
- 인사와 작별인사

📚 동화

- A cat's whiskers
- Dear Zoo
- Have you seen my cat?
- 고양이 기르기
- Baby Animals

고양이

🗨 이야기 나누기

- 고양이와의 첫 만남 회상 하기
- 고양이 이름 지어 보기
- 고양이에게 이로운/해로운 것
- 고양이 돌보는 법

게임·신체 표현

- 고양이 특징 표현하기
- 고양이 집짓기 게임

🐱 역할/극놀이

- 고양이와의 첫 만남: 역할놀이
- 고양이와 송별회

🚐 견학

- 동물병원 견학
- 전문가 초청: 수의사

4. 활동 전개표

	활동 제목 및 소주제	활동 영역	집단 유형	활동 개요
1	Shapes & Animals (모양과 동물)	언어·신체	대집단	그림책을 활용하여 도형의 명칭과 동물의 명칭을 알아본 후 도형과 동물의 명칭으로 이루어진 교사의 지시문을 듣고 Shapes & Animals 게임 활동을 한다.
2	Old Macdonald had a farm/zoo (동물의 이름과 소리)	언어·음률	대집단	농장과 동물원을 나타내는 그림판에 동물들을 분류해 본다. 동물의 명칭을 익히고 각 동물의 소리를 나타내는 표현을 알아본다. 〈Old Mcdonald had a farm〉 노래를 개사하여 동물 명칭과 소리를 연습한다.
3	Making a cat (고양이의 생김새)	게임	대집단/개별	고양이의 각 신체 부분을 원, 삼각형, 사각형, 타원 등의 도형으로 인지한다. 또한 다양한 형태의 도형으로 고양이 및 여러 가지 사물을 만들어 본다.
4	Yum! Yum! Quiz (고양이의 먹이)	언어·과학	대집단/개별	고양이에게 좋은 음식과 나쁜 음식을 구분하고, 동물마다 식성이 다르다는 것을 이해하며, 이 사실을 이야기 나누기와 미니북 만들기 활동을 통해 다양하게 표현한다.
5	I know a cat (고양이의 몸)	언어·과학·신체·수조작	대집단/개별	부분 명칭을 익히는 그림카드를 활용하여 고양이 몸의 각 부분을 부르는 말에 대해 알아본다. 또 몸의 각 부분별 기능에 대해서 이야기를 나눈다. 교사의 지시에 따라 고양이 몸의 한 부분을 찾아서 도착점에 있는 고양이 그림자 그림판에 붙여 주고 돌아오는 대집단 게임 활동을 한다.
6	What's your name, kitty? (고양이의 이름)	언어·사회성	대집단	고양이의 이름 짓기를 통해 각자 고유한 이름이 있다는 것을 인식하고, 다양한 이름의 특징을 탐색하며 투표를 통한 의사결정 과정을 경험한다.

7	How old are you? (고양이의 나이)	사회성 · 수학	대집단	다양한 사람들 및 고양이의 나이를 묻고 대답하는 과정에서 나이가 다양함을 인식하며, 나이를 묻고 대답하는 것에 익숙해진다. 동시에 영어로 숫자를 세는 것도 연습한다.
8	Let's build a cat-house (고양이의 집)	언어 · 게임	대집단	집 없는 고양이에 대해 알아보면서 동물을 돌보는 따뜻한 마음을 가진다. 벽돌 블록으로 고양이 집을 지으면서 위치를 나타내는 단어(next to, top)를 익힌다.
9	Kitty cat chant (고양이의 새끼)	노래	대집단	다양한 동물과 그 새끼의 명칭을 노래로 익히면서 동물에게 관심을 갖고 친밀함을 느낀다. 한 가지 노래에 여러 가지 가사를 붙여 부른다.
10	Meow, Meow, Meow (고양이 연극)	언어 · 극놀이	대집단/ 소집단	고양이를 처음 만난 날을 회상하고 헤어지는 날을 상상하여 함께 이야기를 나누어 본다. 교사가 고양이를 처음 만났을 때를 이야기책으로 만들어 유아에게 들려준다. 처음 만났을 때 하는 인사와 작별할 때 하는 인사를 배워 고양이에게 작별인사 하는 것을 연습한다.
11	Mini-book making (고양이 책 만들기)	언어 · 조형 · 사회성	대집단/ 개별	고양이의 새로운 가족에게 고양이를 소개하는 미니북을 만들기 위하여 유아와 함께 고양이의 이름, 나이, 생일을 복습한다. 이름, 나이, 생일을 물어보고 대답하기를 해 보고 교사의 지시에 따라 미니북을 완성한다.
12	Good-bye, cat (송별회)	언어 · 사회성 · 조형 · 노래	대집단/ 개별	고양이에 대한 주제탐구 표현활동의 마무리활동으로 그동안 교실에서 함께 키우던 고양이를 입양보내기 전 고양이에게 송별회를 해 준다. 고양이에게 마지막으로 해 주고 싶은 말을 연습해 보고 작별카드를 만들어 영어 따라 써 보기를 해 본다. 작별 노래를 따라 불러 보면서 헤어질 때 어떤 표현을 할 수 있는지 복습해 본다.

5. 실제 활동

 도입활동

1. 모양과 동물

🎯 **활동 제목**   Shapes & Animals

🎯 **활동 목표**

① (언어) 그림에 나타난 동물의 형태를 단순한 도형으로 인지하고 언어 및 행동
  으로 표현할 수 있다.
② (신체) 게임 방식을 이해하고 교사의 지시대로 행동할 수 있다.

🎯 **언어 목표**

① 동물의 이름을 영어로 익힌다.
② 사물의 형태를 나타내는 단어를 익히고 말할 수 있다.
③ 'What do you see?' 라는 질문을 듣고 보이는 동물 이름을 말할 수 있다.
④ 도형과 동물 단어로 이루어진 교사의 지시문을 듣고 해당 도형으로 이동할 수
  있다.

🎯 **집단 유형**   대집단

🎯 **소요 시간**   40분

준비물

① 아홉 가지 도형 모양의 게임판
② 『Color Zoo』(Lois Ehlert 글 · 그림, JYBooks, 2004) 그림책

 준비사항

① 〈Shapes & Animals〉 게임을 위한 게임판을 만든다.
② 색지를 이용해 그림책에 나오는 아홉 가지 도형을 바닥에 깔 수 있는 크기로 만들고, 게임판 안에 동물의 사진을 함께 붙여 둔다(예를 들면, Circle 게임판 안에 호랑이 사진을 함께 붙인다.).

🎵 활동 진행 순서

도입 [10분]

① 유아들과 동물원에 가 본 경험에 대해서 이야기해 본다.

T: 친구들은 동물원에 가 본 적이 있나요? Have you ever been to a zoo?
C: Yes!
T: 친구는 동물원에 가서 어떤 동물들을 보았어요? Which animals did you see at the zoo?
C: 호랑이요.
T: 아! Tiger! 우리 친구는 호랑이를 봤구나. You saw a tiger.

② 유아들과 동물원에 대한 이야기를 하면서 자연스럽게 그림책을 소개한다.

T: 선생님이 오늘 친구들이랑 같이 읽어 볼 책은 zoo animals에 대한 책이에요. 선생님이 이제 책을 보여 줄 거예요. I am going to show you the book. 친구들이 'One, two, three' 하고 세어 주면 그림이 나올 거예요. 준비됐나요? Are you ready to count? One……

C: One, two, three!

T: Tada! (책 표지를 보여 주며) 무슨 그림이 보이나요? What do you see in this picture?

C: 호랑이요! Tiger!

T: That's right. 호랑이가 보여요. You see a tiger.

T: 자, 이제 책을 읽어 볼 거예요. 어떤 동물들이 나오는지 친구들이 잘 보고, Please look carefully. 그리고 선생님이 '무엇이 보이나요? What do you see?' 하고 물어보면 큰 소리로 동물 이름을 말하는 거예요. Are you ready?

C: Yes!

전개 [20분]

① 유아들과 그림책을 함께 읽어 본다. 그림책을 통해서 동물 이름(tiger, mouse, fox, ox, monkey, deer, lion, goat, snake)과 도형 이름(circle, square, triangle, rectangle, oval, heart, diamond, octagon, hexagon)을 알아본다.

T: 이번에 나오는 동물은 무엇일까요?
   Tada! 무슨 동물이 보이나요? What do you see?

C: 여우요!

T: Right. 여우는 'Fox' 라고 해요. 따라해 보세요. Please repeat after me. Fox.

C: Fox.

T: Very good. (삼각형 그림을 가리키면서) 여우 얼굴은 어떤 모양인가요? What shape is this?

C: 세모요!

T: 맞아요, 세모예요. 세모는 'Triangle' 이라고 말해요.

C: Triangle.

T: 이제 하늘에다가 손가락 연필로 세모 모양 여우 얼굴을 그리면서 'Triangle' 이라고 말해 볼 거예요. 손가락 연필이 되게 선생님처럼 손가락을 쭉 펴세요. Stretch up your finger like this. 자, 이제 선생님이랑 같이 Triangle을 그려 봐요. Let's draw a triangle. Ready? (손가락으로 공중에 세모를 그리며) Triangle.

C: (손가락으로 공중에 세모를 그리며) Triangle.

T: Excellent! 다음은 어떤 동물이 나올까요?

② 책을 모두 읽은 후 처음부터 끝까지 빠르게 다시 한 번 그림을 보며 단어를 반복한다.

마무리 [10분]

그림책에 나온 도형 이름과 동물 이름을 사용하여 유아들과 〈Shapes & Animals〉 게임을 한다.

T: 선생님이 교실 바닥에 커다란 Shape들을 놓아두었어요. 무슨 Shape가 있는지 우리 같이 한번 볼까요? Let's see.

C: (교사가 각 도형을 손가락으로 가리키며 천천히 한 단어씩 이야기하고 유아들이 교사를 따라하도록 한다.) Circle, square, triangle, rectangle, oval, heart, diamond, octagon, hexagon.

T: 이제 재미있는 게임을 할 거예요. We are going to play a game. 선생님이 shape 이름이랑 animal 이름을 말하면 친구들이 선생님이 말한 shape 안으로 들어가면 돼요. 선생님이 먼저 어떻게 하는지 보여 줄게요. Please listen and look carefully. (교사가 시범을 보인다.) Circle, circle, Tiger! (지시문을 말할 때는 운율을 넣어 말하고 해당 동물 흉내를 내며 해당 도형 안으로 들어간다.)

유의사항

① 신체 활동을 할 때 충분한 공간을 확보하여 대집단 활동을 안전하게 할 수 있도록 한다.

② 우리말 표현과 영어 표현을 똑같은 순서로 번갈아 하기보다는 변화를 주는데, 활동 진행을 고려하여 더 적합한 언어로 먼저 말한다. 항상 두 언어를 반복할 필요는 없다.

확장활동

① 신체 활동으로 교사의 지시에 따라 동물을 흉내 내는 게임을 할 수 있다. (Walk like the animals Game, Simon Says 게임처럼 교사가 "The zookeeper says to walk like a giraffe/monkey/elephant/lion/tiger/bear."라고 이야기하면 유아들이 지시문을 듣고 몸으로 표현해 본다.)

② 주위 사물을 통해 도형 찾기 활동을 할 수 있다.

> T: Circle을 찾아볼 수 있어요? Please show me a circle. 어디 있지요? Where are they? 손가락으로 가리켜 주세요. Please point to the circle. (시계, 접시, 단추 등)

③ 『Color Zoo』 그림책을 통해서 색깔에 대한 활동을 할 수도 있다.

④ 다양한 도형을 사용하여 유아가 직접 여러 가지 동물을 만들어 볼 수 있다.

그림책

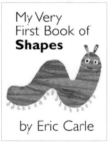
『My Very First Book of Shapes』
Eric Carle 글 · 그림,
Penguin Group USA,
2005

『I Spy Shapes in Art』
Lucy Micklethwait
글 · 그림, Harpercollins
Childrens Books , 2004

『Go away, Big Green Monster』
Emberley 글 · 그림,
JYBooks, 2005

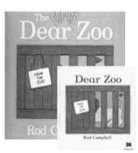
『Dear Zoo』
Rod Campbell
글 · 그림,
Macmillan, 2009

도입활동

2. 동물의 이름과 소리

🎖 **활동 제목**   Old Macdonald had a farm/zoo

🎁 **활동 목표**

① (언어) 동물의 그림을 보고 이름을 말하고 소리를 표현할 수 있다.
② (조작) 사는 곳을 기준으로 동물을 분류할 수 있다.
③ (음률) 동물의 이름과 소리를 대응시켜 노래를 부를 수 있다.

🔖 **언어 목표**

① 동물의 이름을 영어로 말할 수 있다.
② 동물의 소리를 영어로 말할 수 있다.

🎯 **집단 유형**   대집단

📚 **소요 시간**   40분

🏛 **준비물**

농장 그림과 동물원 그림, 동물 그림카드, 노래 가사판, CD, CD플레이어, 까슬이

준비사항

① 교사는 농장을 표현한 그림판과 동물원을 표현한 그림판을 각각 하나씩 만든다. 각 그림판에 동물은 그리지 않는다.

② 농장과 동물원에서 볼 수 있는 동물들을 그려서 오린 후 까슬이를 붙여 농장과 동물원 그림판에 떼었다 붙였다 할 수 있도록 만든다.

③ 〈Old Macdonald had a farm/zoo〉 노래 가사판을 만들고 가사 중 동물 이름이 들어가는 부분은 빈칸으로 남겨 둔다. 빈칸에 동물 그림을 붙여서 유아들이 무슨 동물에 대한 노래인지 알 수 있도록 한다. 동물의 울음소리에 대한 가사 부분도 동물에 따라서 다른 가사로 교체할 수 있도록 만들어 둔다.

④ 노래 반주가 담긴 CD를 미리 준비하고 CD 반주에 맞추어 교사와 유아들이 율동을 하며 노래를 부를 수 있도록 한다.

활동 진행 순서

도입 및 전개[30분]

① 교사는 칠판에 농장 배경판과 동물원 배경판을 각각 붙여 놓고 유아들에게 어떤 장소인지 물어본다. 그리고 그림카드를 사용하여 유아들과 농장에서 볼 수 있는 동물(pig, cow, cat, dog, chicken, horse 등)과 동물원에서 볼 수 있는 동물(lion, tiger, bear, giraffe, monkey 등)을 알아보고 각 동물의 이름을 영어로 알려 준 다음 어울리는 장소에 붙인다.

T: 여기는 어디일까요? Where is this place?

C: 시골이요. 농장이요.

T: 맞아요. 농장이지요. It is a farm. 농장은 'farm'이라고 말해요. 따라해 보세요. Farm.

C: Farm.

T: 잘했어요. Very good. 그러면 여기는 어디일까요? Where is this place?

C: 동물원이요!

T: 맞아요. 동물원은 'zoo' 라고 말해요. 따라해 보세요. It is a zoo.

C: It is a zoo.

T: Very good. 선생님이 동물 카드를 가지고 있어요. I have animal cards. 카드 속에 있는 동물 이름을 영어로 말할 수 있는 친구는 큰 소리로 대답해 보는 거예요. 준비됐어요? Are you ready?

C: Yes!

T: 자…… (동물 카드를 한 장 뽑아서 유아들에게 보여 준다.) Tada!! 이 동물의 영어 이름은 무엇일까요? Who knows the name of this animal? 아는 친구는 손을 들고 이야기해 볼까요? Please raise your hand.

C: Pig!

T: Good. 돼지는 영어로 pig예요. 우리 친구가 나와서, pig를 농장이나 동물원에 붙여 줄 거예요. Please come out to the front. 돼지는 어디에서 살까요? 농장에서? In a farm? 아니면 동물원에서? In a zoo?

C: Farm.

T: Good. 이번에는 다른 동물이 나오니까 잘 보고 친구들이 영어 이름을 또 말해 주세요.

② 동물 이름을 익히고 농장과 동물원에 각각 그림을 붙인 후 각 동물의 소리를 나타내는 표현을 배워 본다. [cow(moo), pig(oink), chicken(cluck), horse(neigh), lion/tiger(roar), monkey(ooh ooh), elephant(trumpet), bear(growl), wolf(howl) 등]

T: 돼지는 어떻게 울까요?

C: '꿀꿀꿀' 이요.

T: 맞아요. 그런데 영어로는 조금 달라요. 꿀꿀 돼지는 이런 소리를 낸대요. (돼지 흉내를 내며) oink, oink, oink. 우리 친구들도 선생님이랑 같이 돼지 소리를 내 볼까요? 돼지 코 만들고, Are you ready? oink, oink, oink.

C: oink, oink, oink.

T: 이번에는 어떤 동물 소리를 해 볼까요?
C: Lion이요.
T: Lion 소리는 누가 내 볼까요?

마무리[10분]

동물 이름과 소리를 배운 후 〈Old Macdonald had a farm〉 노래를 배운다. 그리고 동물원에 사는 동물을 넣어서 〈Old Macdonald had a zoo〉로 개사해서도 불러 본다. 각 동물의 특징을 살려 율동과 함께 재미있게 노래한다.

농장 노래의 예

Old Macdonald had a farm, Ei, ei, o
And in that farm he had a pig, Ei, ei, o
With a oink, oink here,
And a oink, oink there,
Everywhere a oink, oink.
Old Macdonald had a farm, Ei, ei, o

동물원 노래의 예

Old Macdonald had a zoo, Ei, ei, o
And in that zoo he had a lion, Ei, ei, o
With a roar, roar here,
And a roar, roar there,
Everywhere a roar, roar.
Old Macdonald had a zoo, Ei, ei, o

🏛 **유의사항**

① 유아들이 음률 활동을 할 수 있는 충분한 공간을 확보한다.

② 동물 이름과 소리를 배우는 활동에서 교사가 적극적으로 동물 흉내를 냄으로써 유아들의 흥미를 유발시켜야 한다. 유아들과 활발한 상호작용을 할 수 있도록 활동 전에 필요한 동작 등을 준비한다.

 확장활동

① 노래를 익힌 후 유아들과 동물 흉내내기 게임을 한다. 유아들이 원형으로 둘러서고 교사는 중앙에 서서 술래 역할을 한다. 노래 가사 중 'in that zoo he had a ……' 부분을 부를 때 교사는 유아 한 명을 지목하여 중앙으로 나오게 하고 다른 유아들이 노래를 부르면 술래인 유아가 해당 동물을 흉내낸다. 노래가 끝나면 술래인 유아가 다음 동물을 고른다.
② 유아들과 직접 동물원으로 현장학습을 갈 수 있다.

그림책

『Dear Zoo』
Rod Campbell 글 · 그림,
Macmillan, 2009

『My Farm』
Rod Campbell 글 · 그림,
Macmillan, 1998

『Color Zoo』
Lois Ehlert 글 · 그림,
JYBooks, 2004

『1,2,3 To The Zoo』
Eric Carle 글 · 그림, Puffin Books, 1999

『Polar Bear, Polar Bear, What Do You Hear?』
Bill Martin Jr 글, Eric Carle 그림, Puffin Books, 1999

도입활동
3. 고양이의 생김새-1차 표상

🎭 **활동 제목**   Making a cat

🎨 **활동 목표**

① (수학) 사물의 형태를 원, 삼각형, 사각형, 타원으로 인지한다.
② (조형) 다양한 재료를 사용하여 조형 활동에 참여한다.

🗣 **언어 목표**

① 사물의 형태를 나타내는 단어(round, triangle, rectangle, oval)를 자연스럽게 연습해 본다.
② 고양이의 신체 부위를 나타내는 단어(face, ear, body, legs, tail)들을 자연스럽게 연습해 본다.
③ 'What does _____ look like?' 라는 질문을 듣고 사물의 형태를 나타내는 단어로 대답할 수 있다.

🌲 **집단 유형**   대집단 또는 개별

📓 **소요 시간**   30분

🏵️ 준비물

① A4 용지에 인쇄한 고양이 사진과 그 고양이의 얼굴・귀・몸통・다리・꼬리
크기에 맞도록 만든 원(1개), 타원(1개), 삼각형(2개), 직사각형(5개)

② 다양한 도형 그림 자료(까슬이를 붙인 것)

③ 고양이 만들기 게임을 할 때 사용할 원(2개), 타원
(2개), 삼각형(4개), 직사각형(10개) 도형 종이와 자석

④ 도화지 및 다양하게 오린 도형 종이와 풀

⑤ 『Curious George Shapes』(H. A. Rey 글・그림,
HMH Books, 2008)

🎲 준비사항

고양이 만들기 게임을 할 때 쓸 도형 뒤에 미리 자석을 달아 둔다.

🪕 활동 진행 순서

도입 [10분]

『Curious George Shapes』그림책을 함께 읽는다.

전개 [10분]

① 다양한 도형 그림을 가지고 와서 하나씩 융판에 붙이며 이름을 알려 주고 유
아가 따라 읽도록 한다.

    T: (원 모양 도형 그림을 들고) 여러분, 이 모양을 영어로는 무엇이라고 할까요? It's
a circle. Please repeat after me. 따라해 보세요. Circle.

    C: Circle.

    T: (삼각형을 보여 주며) Triangle.

    C: Triangle.

다른 도형에 대해서도 이와 같이 한다.

② A4 크기로 인쇄한 고양이 사진을 융판에 붙이고, 얼굴 · 귀 · 몸통 · 다리 · 꼬리 부분에 각각 색지를 오려 만든 원, 삼각형, 타원, 직사각형을 붙인다. 고양이의 몸을 다양한 도형으로 나타낼 수 있음을 유아들이 알도록 한다.

T: 여러분, 이것 보세요. Which shapes does the cat have? 고양이의 몸은 어떤 모양들로 이루어져 있을까요? The face is a circle. 얼굴은 동그라미 모양이네요(동그라미를 고양이 얼굴 위에 붙인다.). Look at the ears, please. 이번에는 귀를 보세요. What shape do the ears look like? 귀는 어떤 모양으로 되어 있나요? 귀는 Two triangles, 삼각형 두 개로 되어 있네요(삼각형 두 개를 고양이 두 귀에 붙인다.).

이와 같이 다른 도형들을 사용하여 고양이 만들기를 완성한다.

③ 고양이 만들기 게임을 한다.

유아들을 두 팀으로 나누어 앉게 하고 게임 규칙을 설명한다.

95

T: Now, we are going to play a game. 두 팀으로 나누어서 각자 자기 팀의 고양이를 만드는 게임이에요. We are going to make a cat using many shapes. 선생님이 Circle, triangle, rectangle, oval을 각자 한 개씩 나누어 줄 거예요. 자기가 받은 모양을 고양이 몸에 맞게 붙이고 오면 돼요. Please put your shape on the board to make a cat. 준비됐나요? Ready, set, go!

한 명씩 앞으로 달려가 모양 하나를 칠판에 붙이고 온다. 그다음 유아는 또 다른 모양을 붙이고 온다. 이런 식으로 해서 마지막에 고양이가 완성되도록 하는 게임이다.
- 유아들이 앉은 곳 맞은편 벽에 칠판을 두고 칠판 가운데 선을 그어 두 팀이 고양이를 만들 자리를 마련해 둔다.
- 칠판 밑에는 팀별로 각각 원 1개, 삼각형 2개, 타원 1개, 직사각형 5개에 자석을 붙여 둔다.

마무리 [10분]

각 유아에게 도화지와 다양한 형태로 오린 도형을 제공하고, 고양이를 각자 만들어 보기로 한다. 이 밖에도 엄마 · 아빠 고양이, 집, 나무 등 다양한 것을 만들어 보도록 한다.

 유의사항

① 게임을 하면서 유아가 이동할 때 다치지 않도록 주의한다.
② 유아들이 누가 먼저 만들어 이기려고 하는 것보다 협동해서 고양이의 모습이 완성되어 가는 것을 보는 것이 중요함을 인식하도록 한다.

 확장활동

① 도형과 그 이름을 인쇄한 자료를 벽에 붙여 둔다.
② 다양한 형태의 도형과 종이를 한쪽에 비치하여 유아가 자유롭게 만들기를 할 수 있도록
한다.

그림책

『A Circle Here, A Square There』
David Diehl 글 · 그림, Lark Books, 2007

전개활동

4. 고양이의 먹이

🌀 **활동 제목** Yum! Yum! Quiz

🎁 **활동 목표**

① (과학) 고양이의 섭식에 대해 이해한다.
② (사회성) 나와 다른 사람의 의견이나 기호에 차이가 있음을 안다.

🌾 **언어 목표**

① 친숙한 음식의 이름을 영어로 익힌다.
② 'Do you like (음식 이름)?'의 의미를 이해하고 Yes/No로 대답할 수 있다.

🌲 **집단 유형** 대집단 또는 개별

📚 **소요 시간** 30분

📖 **준비물**

① 『The Very Hungry Caterpillar』그림책에 나오는 그림을 복사해서 색칠한 후
   코팅하고 까슬이를 붙인 것
② 고양이에게 좋은 음식과 나쁜 음식 사진 자료(까슬이가 붙인 것)

③ 고양이 그림 목걸이

④ A5 크기 네 장을 스테이플러로 찍어 만든
책과 고양이에게 좋은 음식과 나쁜 음식 사
진 자료(유아 수만큼 준비)

⑤ 『The Very Hungry Caterpillar』(Eric Carle
글·그림, Penguine Group USA, 1986)

 준비사항

① 다양한 그림 자료를 준비하여 코팅해 둔다.

② 미니책의 스테이플러가 위험하지 않도록 테이프로 감아 둔다.

 활동 진행 순서

도입 [10분]

① 『The Very Hungry Caterpillar』 그림책을 읽어 준다.

② 책에 나온 음식 사진을 보여 준 후 유아마다 좋아하는 것을 하나씩 골라서 융
판에 붙이도록 한다. 그때 다음의 질문을 한다.

T: 사과 좋아해요? Do you like an apple ?
C: Yes!

유아가 음식의 명칭을 영어로 모를 때는 교사가 한 번 이야기하고 따라하도록 한다.

③ 교사가 유아들에게 질문한다.

T: 고양이는 무슨 음식을 좋아할까요? What does kitty like to eat?

전개 [10분]

① 교사가 준비한 '고양이에게 좋은 음식'과 '고양이에게 나쁜 음식' 사진을 섞어서 유아에게 차례로 보여 준다.

　　T: It's a quiz time. 이 음식 중에 고양이에게 좋은 음식은 무엇일까요? Which food is good for cat? 고양이에게 나쁜 음식을 맞혀 보세요. Which is bad for cat?

고양이에게 좋은 음식

고양이 사료, 고양이 과자, 고양이용 우유

고양이에게 나쁜 음식

양념치킨, 일반 우유, 피자, 초콜릿

　　T: 고양이는 사람이 먹는 음식을 먹으면 몸이 아프게 된대요. When cats eat food that we eat, they become sick. 그래서 고양이는 고양이용 음식만 먹어야 해요. So cats need to eat only the cat food. 고양이 사료, Cat food, 고양이 과자, Cat snack, 고양이용 우유, Cat milk. 이런 것들이 고양이에게 좋은 음식이에요. These are good for a cat.

② 한 유아를 앞으로 나오게 해서 고양이 목걸이를 걸어 준다.

　　T: 이 친구는 이제 고양이가 되었어요. 우리 한 명씩 나와서 고양이에게 이 음식을 먹어도 되는지 안 되는지 물어보아요.

　다른 유아들에게는 방금 보여 준 그림카드를 한 장씩 나눠 준다. 한 명씩 고양이 목걸이를 한 유아에게 질문한다. 고양이 목걸이를 한 유아는 'Yes/No'로 대답한다.

　　C1: Do you like cat milk?

C2: Yes!

C3: Do you like pizza?

C2: No!

유아들이 차례로 고양이 목걸이를 하고 고양이가 되어 질문에 대답한다.

마무리 [10분]

① 네 쪽짜리 미니북과 활동 때 사용한 '고양이에게 좋은 음식/나쁜 음식' 사진이 인쇄되어 있는 종이를 준다.

② 책 표지에는 'The Very Hungry Cat'이라고 교사가 써 준다. 그다음 장에는 유아가 고양이 그림을 그리도록 하고, 그다음 장부터는 인쇄된 종이에서 고양이에게 좋은 음식만 골라서 오려 붙이도록 한다.

🔔 유의사항

① 모든 유아들이 한 번씩 고양이가 되어 볼 수 있도록 한다.

② 유아가 질문하고 대답하는 시간이 길어지면, 유아 전체가 한 고양이에게 질문하는 것이 아니라 세 명만 선택해 질문하도록 한다.

확장활동

자유선택 활동 영역에 고양이 목걸이와 다양한 음식 사진 자료를 비치하여 유아들이 자유롭게 질문하고 답하는 놀이를 할 수 있도록 한다.

그림책

『Cat』
Matthew Van Fleet 글, Brian Stanton 사진,
Simon & Schustor, 2009

5. 고양이의 몸

활동 제목   I know a cat

활동 목표

① (언어) 고양이의 겉모습을 표현하는 단어를 듣고 말하며 이해할 수 있다.

② (과학) 고양이의 각 신체 부위가 하는 역할을 이해할 수 있다.

③ (신체) 대근육을 발달시킨다.

④ (수·조작) 눈·손의 협응력을 발달시킨다.

⑤ (수·조작) 같은 모양에 맞추어 사물을 짝지을 수 있다.

⑥ (사회성) 순서를 지킬 수 있다.

언어 목표

① 고양이의 겉모습을 표현하는 단어를 듣고 이해할 수 있다.

② 활동에 필요한 지시 표현을 듣고 이해할 수 있다.

③ 배운 단어를 바르게 말할 수 있다.

집단 유형   대집단 또는 개별

소요 시간   40분

준비물

① 단어카드(고양이의 전신이 그려 있는 8절 도화지 크기의 단어카드: 고양이 그림이 흑백으로 그려 있고 지시하는 부위만 색깔로 표현되어 있다. 하단 중앙에는 그 부위에 해당하는 단어가 적혀 있다. 예를 들면, whiskers)

② 게임 방법이 적혀 있는 4절 도화지(게임 방법은 전개활동 참조)

③ 게임에 활용할 그림카드(4절 도화지에 고양이 전신이 검정색 부직포로 표현된 고양이 그림자 그림, 그 그림자에 붙일 수 있는 색깔이 있는 각 신체 부위 — whiskers, ears, nose, eyes, paws, tail, legs — 그림카드) 두 세트

 준비사항

게임에 활용할 고양이 그림자 카드는 검정색 부직포로 표현하고, 각 신체 부위 그림카드는 코팅한 후 뒷면에 까슬이를 붙인다.

 활동 진행 순서

도입 [10분]

① 지난 시간에 배운 영어 단어와 표현을 반복한다(예를 들면, Cat-Kitty, Dog-Puppy).

② 〈I know a cat〉 노래를 부른다.

전개 [20분]

① 그림카드를 활용하여 고양이의 각 부위 명칭을 배운다(whiskers, ears, nose, eyes, paws, tail, legs).

T: 오늘은 고양이의 몸에 대해서 배울 거예요.

(각 부위 단어카드를 보여 주며) 이것은 수염이에요. These are the whiskers. 영어로는 whiskers라고 해요. Please repeat after me. Whiskers.

C: Whiskers.

T: Good.

② 각 부위에 대해 배운다.

T: Whiskers는 고양이의 수염이에요. 고양이는 수염으로 자기가 어디에 있는지, 앞에 놓인 물건이 얼마나 큰지를 느낄 수 있답니다.

③ 고양이 그림자 카드를 통하여 다시 한 번 각 부위 명칭을 반복해 본다.

T: 친구들, 여기에 온통 까만색으로 그려진 그림 하나가 있네요. 이것이 무엇일까요? What is this?

C: Cat.

T: 맞아요. 이것은 고양이의 그림자예요. 선생님이 이 고양이 그림자에 우리가 배운 고양이 몸을 하나씩 붙일 거예요. 그것이 무엇인지 영어로 이야기해 보세요. (고양이 그림자 카드에 고양이 두 귀를 붙이며) 이것은 무엇이지요? What are these?

C: Ears.

T: Very good.

④ 게임 방법을 함께 읽고 게임 중에 쓰일 주요 표현을 배운다.

T: 이제 친구들과 함께 신나는 게임을 해 볼 거예요. 우리 다 함께 게임 방법을 읽어 볼까요?

게임 방법

1. 선생님이 부르는 두 친구는 출발선에 서요.
2. 선생님이 두 친구에게 "Find the cat's eyes. 고양이의 눈을 찾아보렴." 이라고 이야기해요.
3. 선생님이 "준비! 시~작! Ready? Set! Go!" 라고 외치면 출발해요.
4. 출발선과 고양이 그림자 그림판 사이에 있는 상자에서 선생님이 이야기했던 고양이 몸 그림카드를 찾아요.
5. 고양이 몸 그림카드를 찾으면 고양이 그림자 그림판으로 가서 알맞은 위치에 붙이고 돌아와요.
6. 그다음 두 친구는 다시 이야기 매트로 돌아가서 앉아요.

⑤ 교사가 시범을 보이고 난 후 게임을 한다.

> T: Find the cat's paws. Alright?
> Ready? Set! Go!
> Excellent!

마무리 [10분]

① 그림자 카드를 통하여 오늘 배운 단어와 표현을 반복한다.

> T: 여기에 고양이 그림자 카드가 있네요. 우리 고양이 몸을 한 부분씩 찾아 주어요. 자, 먼저 고양이의 귀를 찾아보아요. Let's find the cat's ears.
> Ready? (고양이 발톱을 보여 주며) 이것이 고양이 귀인가요? Are these the cat's ears?
> C: No! they are not.
> T: (고양이 귀를 보여 주며) 그럼 이것이 고양이 귀인가요? Then are these the cat's ears?

C: Yes, they are.

T: Very good. These are the cat's ears.

② 〈I know a cat〉 챈트를 부른다.

 유의사항

게임 활동에서 "Find the cat's ○○○."라고 지시할 때 교사의 몸을 고양이로 가정하고 고양이의 신체 부위에 해당하는 부분을 손으로 가리킨다.

 확장활동

Simon Says 게임 활용

① 유아 얼굴에 고양이 얼굴 모양으로 Face Painting을 한다.
② 둘씩 짝지어 교사가 "Simon Says…… point to the nose!" 등으로 지시하면 짝꿍의 얼굴에 그려진 해당 부위를 가리킨다.

 노래

I know a cat (〈Bingo〉 노래에 맞춰서 부른다.)

I know a cat with perky ears,
And kitty is her name-o.
K-I-T-T-Y, K-I-T-T-Y, K-I-T-T-Y,
And Kitty is her name-o.

She makes a sound and it's 'meow,'
And Kitty is her name-o.
K-I-T-T-Y, K-I-T-T-Y, K-I-T-T-Y,
And Kitty is her name-o.

그림책

『Have you seen my cat?』
Eric Carle 글 · 그림, Aladdin, 1997

전개활동

6. 고양이의 이름

🌰 **활동 제목**　What's your name, kitty?

🌰 **활동 목표**

① (과학) 가까운 동물에 관심을 가지고 잘 돌본다.

② (사회성) 나와 다른 사람의 의견에 차이가 있음을 알고, 서로 의논하여 조정한다.

③ (과학) 흥미 있는 사물에 대해 다양한 생각을 해 본다.

🌰 **언어 목표**

① 다양한 종류의 이름을 접한다.

② 이름의 발음상 특징을 느낀다.

③ 1부터 10까지 영어로 셀 수 있다.

④ 'Which name do you want?' 질문에 대답할 수 있다.

🌰 **집단 유형**　대집단

🌰 **소요 시간**　30분

준비물

① 유아들의 사진과 다양한 고양이 사진 다섯 장
② 교실에서 기르는 고양이 사진을 코팅하고 뒤에 나
   무젓가락을 붙여 만든 막대인형
③ (사후 활동용) 교실에서 기르는 고양이 사진을 코팅
   하고 끈을 달아 만든 목걸이
④ 『Knock, Knock! Who's There?』(Tad Hills 글·그
   림, Little Simon, 2000)

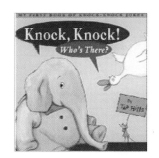

 준비사항

사진 자료를 융판에 붙일 수 있도록 미리 까슬이를 붙여 둔다.

 활동 진행 순서

도입 [10분]

① 『Knock, Knock! Who's There?』 그림책을 함께 읽는다.

② 교사와 유아들이 〈Knock, Knock〉 놀이를 한다.

> T: 이제 선생님이 집 안에 있어요. 친구들이 선생님 집에 와서 문을 두드려요.
>   'Knock, Knock'은 '똑똑'이라는 뜻이에요. 한 명씩 와서 Knock, Knock이라고
>   문을 두드리면 선생님이 이렇게 물어볼 거예요. Who's there? 누구세요? 그러면
>   자기 이름을 말하세요. 그럼 선생님이 문을 열고 "Hello!"라고 인사할게요.
>
> 교사는 손바닥으로 얼굴을 가린다.
>
> C1: Knock, knock!
> T: Who's there?
> C1: I'm Sarah.

T: Hello!

③ 고양이 이름짓기를 제안한다.

>T: 우리 고양이가 선생님에게 오더니 문을 두드렸어요. (고양이 인형을 움직이며) Knock, knock! 그래서 선생님이 물었어요. Who are you? 그런데 이 고양이는 이름이 없었어요. 그래서 자기 이름을 말해 줄 수 없었어요. The cat doesn't have a name. 고양이는 슬펐어요. 우리가 고양이에게 이름을 지어 주도록 해요. Let's give her a name.

전개 [10분]

① 다양한 고양이 사진 다섯 장을 차례로 보여 주면서 각각의 이름을 알려 준다.

>T: This cat's name is Bubu. This cat's name is Selah. This cat's name is Kiki. This cat's name is Eun-ah. This cat's name is Kururu.

다섯 개의 이름은 교사가 임의로 짓되 한국어와 영어, 의미는 없지만 발음이 특이한 것 등 특징 있는 것으로 골고루 만든다.

② 교실에 있는 고양이 사진을 보여 주며 묻는다.

>T: 어떤 이름이 좋을까? (유아 이름), Can you think about a good name for the cat? (유아 이름), Do you have any idea? 좋은 이름 생각난 것 있어요?

③ 유아가 고양이 이름을 생각해서 발표한다. 교사는 칠판에 유아가 말한 이름을 적는다. 유아가 고양이 이름을 생각해 내기 어려워하면 교사가 몇 가지 이름을 제시하여 생각을 돕는다.

④ 이름 후보가 네다섯 개가 되면 투표를 한다.

T: (이름 후보를 각각 읽는다.) 이 중에서 가장 마음에 드는 것을 하나 고르세요. Please, pick your favorite name. 그리고 선생님이 "Please, raise your hand if you like this. 이 이름이 좋으면 손을 드세요." 라고 하면 손을 드세요.

각 이름에 대해 몇 명의 유아가 선택했는지 칠판에 표시한다.

⑤ 각 이름마다 몇 명의 유아가 손을 들었는지 세어 본다.

T: 이제 어느 이름이 가장 많은 표를 얻었는지 세어 봅시다. Let's count which has the most vote. 먼저 영어로 1부터 10까지 세는 것을 다 같이 해 봐요. One, two, three, four, five, six, seven, eight, nine, ten. 자, 그럼 이 이름 Bubu는 몇 명이 선택했나요? How many picked Bubu? One, two, three, four. 그다음 이름, Selah 는 몇 명이 선택했나요? How many picked Selah? One.

⑥ 각 이름을 몇 명이 선택했는지 같이 세어 본 뒤, 가장 많은 유아가 선택한 이름 으로 정한다.

T: Many of you picked Bubu. Bubu가 가장 많이 나왔네요. 이제 고양이 이름은 Bubu입니다. The cat's name is Bubu.

마무리 [10분]

고양이 그림 목걸이를 한 유아에게 걸어 주고, 다른 유아들이 나와서 차례로 질 문한다.

C1: Who are you?
C2: I am (Bubu).

번갈아가며 하는 과정을 통해 유아들이 지은 고양이 이름에 익숙해지도록 한다.

유의사항

① 반드시 다수결의 원리를 따르는 것보다 의사결정 과정을 경험하는 것에 초점을 둔다.

② 마무리에서 유아 한 명에게 다른 모든 유아가 질문하는 데 시간이 걸리면 지루해할 수 있으므로 세 명 정도로 제한해서 물어보도록 하는 것도 좋다.

 확장활동

유아들이 교실에 있는 인형들의 이름을 지어 보도록 한다.

그림책

『Andy That's My Name』
Tomie de Paola 글 · 그림, Aladdin, 1999

전개활동

7. 고양이의 나이

🐱 **활동 제목**   How old are you?

🎀 **활동 목표**

① (수학) 수 개념을 이해한다.

② (사회성) 사람들의 나이가 서로 다르다는 것을 안다.

🌾 **언어 목표**

① 수를 나타내는 단어를 1부터 10까지 연습하고, 나이를 대답할 때 사용할 수 있다.

② 'How old are you?' 라는 질문에 적절하게 대답할 수 있다.

🌲 **집단 유형**   대집단

🎒 **소요 시간**   30분

📦 **준비물**

① 인터넷에서 찾은 사진: 노년 남자, 중년 여자, 청소년기 남자, 신생아 등 다양한 연령대의 사진을 골라 인쇄한 것

② 숫자카드 1~10: A5 크기 종이에 숫자를 인쇄하여 코팅한 것
③ 교실에서 기르는 고양이 사진
④ 교실에서 기르는 고양이 사진을 코팅하고 줄을 붙여 만든 목걸이
⑤ 도화지

 준비사항

사진 자료와 숫자카드를 융판에 붙일 수 있도록 미리 까슬이를 붙여 둔다.

 활동 진행 순서

도입 [5분]

① 다양한 사람들의 사진을 보여 주며 이 사람들이 몇 살인지 이야기한다.

> T: 이 할아버지 사진을 보세요. 이분은 몇 살일까요? How old is he? What do you think?
> C1: 백 살이요.
> C2: 아니, 스무 살이요.

> 각 사진에 대해 유아들이 생각하는 나이를 자유롭게 이야기하도록 한다.

② 교실에서 기르는 고양이 사진을 보여 주며 물어본다.

> T: By the way, is there anyone who knows how old this cat is? 이 고양이는 몇 살일까요?

전개 [15분]

① 영어로 나이를 표현하기 위하여 숫자를 1부터 10까지 세어 본다(유아가 이미 1부터 10까지 영어로 세는 것에 익숙하면 20까지 한다.).

> T: 우리 먼저 숫자 세는 것을 연습해 봐요. Let's practice counting the numbers.

One, two, three, four, five, six, seven, eight, nine, ten!

② 영어로 나이를 묻고 대답하는 표현을 유아에게 알려 준다.

    T: 영어로 나이를 물을 때는 이렇게 말해요. How old are you? 같이 해 볼까요?
       How old are you?
    C: How old are you?
    T: 그러면 이렇게 대답해요. 내가 다섯 살이면 "I am five years old." 같이 해 봐요.
       I am five years old.
    C: I am five years old.

③ 교사가 유아 한 명씩 이름을 부르며 대답하도록 해 본다.

    T: How old are you, (유아 이름)?
    C: I am five years old.

④ 유아 한 명에게 고양이 목걸이를 걸어 준다. 이 유아가 고양이가 되고, 다른 유아들이 고양이에게 와서 나이를 물어보도록 한다.

    C1: How old are you, (고양이 이름)?
    C2: I am five years old.
    C3: How old are you, (고양이 이름)?
    C4: I am nine years old.

    유아가 고양이의 나이를 다양하게 말할 수 있도록 한다.

마무리 [10분]

① 각 유아에게 도화지를 나누어 주고 자기가 기르고 싶은 고양이를 그리도록 한다. 교사가 완성된 그림을 오려 나무젓가락에 붙여 손인형을 만든다.

② 각각 자기 고양이가 몇 살인지 생각한 다음, 서로 돌아다니며 질문하고 대답하도록 한다(How old are you? - I am ___ years old).

 유의사항

유아가 고양이 손인형을 가지고 돌아다닐 때 서로 부딪치지 않도록 주의한다.

확장활동

형제자매(사촌 포함)의 그림이 있는 활동지를 만든다. 각각의 그림 밑에 "My sister is _____ years old."와 같이 적어 놓고, 유아가 각자 자유롭게 적고 말해 보도록 한다.

그림책

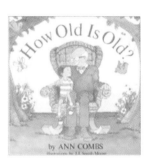

『How Old Is Old?』
Anne Combs 글, J. J. Smith 그림, Price Stern Sloan, 1987

『My First Counting Book』
Lilian Moore 글, Garth Williams 그림, Golden Books, 2001

전개활동

8. 고양이의 집

🍅 **활동 제목**   Let's build a cat-house!

🎁 **활동 목표**

① (수학, 언어) 위, 아래, 앞, 뒤, 옆을 학습한다.
② (사회성) 동물에 관심을 가지고 소중한 마음으로 돌본다.

🔔 **언어 목표**

위치를 나타내는 단어 under, on, top, between, left, right를 듣고 이해한다.

🌲 **집단 유형**   대집단

📙 **소요 시간**   30분

🏠 **준비물**

집 없는 떠돌이 고양이 사진 네다섯 장, 종이 벽돌 블록 20~30개, 직사각형 스티커, 도화지

준비사항

직사각형 스티커와 도화지는 유아의 2배수로 준비한다.

 활동 진행 순서

도입 [10분]

① 집 없는 떠돌이 고양이 사진을 함께 본다.

② 고양이 집을 만들어 줄 것을 제안한다.

> T: 이 고양이들은 집이 없어서 춥고 비가 오면 힘들대요. They need a cozy house! 고양이들도 집이 필요해요. Let's make one for them. 우리가 고양이 집을 만들어 주도록 해요.

③ next to와 on의 개념을 유아들에게 설명한다.

> T: 여러분, 이 스티커가 벽돌이에요. (스티커 한 개를 도화지 중앙에 붙인다.) 여기 벽돌을 하나 쌓았어요. Here is one brick. 그런데 그다음 벽돌을 어디에 놓을까요? Where should the next brick go? 선생님이 "next to!"라고 하면 원래 벽돌 옆에 다음 벽돌을 놓으라는 뜻이에요. 선생님이 "on!"이라고 하면 원래 벽돌 위에 다음 벽돌을 놓으라는 뜻이에요.

> T: Attention! (다음 스티커를 원래 스티커 옆에 붙이며) next to. (다음 스티커를 원래 스티커 위에 붙이며) on. next to는 옆에, on은 위에. 예를 들어 볼게요. 은정이는 상호 옆에 앉아 있어요. 은정 is sitting next to 상호. 선생님은 의자에 앉아 있어요. Miss Lee is sitting on the chair. (이때 'next to'와 'on'을 강조하여 큰 소리로 말한다.) 이제 연습이 끝났으니 게임을 시작해 봐요. Now let's get started.

전개 [15분]

① 고양이 집 짓기 게임 방법을 설명한다.

유아들이 모두 교실 매트 위에 앉도록 한다.

> T: 모두 매트로 가서 앉아요. Let's all sit on the mat.
> T: 이름을 부르면 나와요. 그리고 벽돌 블록을 받아 가세요. When I call your name, please come up the front. Get one brick block.
>
> > - 호명 받은 유아는 나와서 벽돌 블록 한 개를 받는다.
> > - 교사가 "Ready, set, go!"라고 하면 앞으로 뛰어간다.
> > - 교사가 정해 주는 위치(next to 또는 on)에 벽돌 블록을 놓아 두도록 한다.
>
> T: 선생님이 말하는 곳에 벽돌 블록을 놓으세요. I will say where to put the brick block. Then you should put it there.

② 게임을 한다. 유아가 next to인지 on인지를 구분할 수 있도록 그 부분을 강조해서 이야기한다.

마무리 [5분]
① 다시 스티커를 도화지에 붙이면서 next to와 on의 개념을 복습한다.

② 한 명씩 나와서 교사의 지시대로 스티커를 융판에 붙여 보고 마친다.

 유의사항
유아가 이동할 때 다치지 않도록 한다.

 확장활동

① next to와 on의 개념이 있는 사진 자료를 벽에 붙여 둔다.
② 자유활동시간에 집 짓기를 해 보도록 한다.

 그림책

『Who's Behind Me?』
Toshio Fukuda 글 · 그림, RIC Publications, 2006

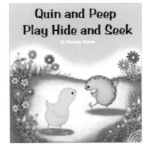

『Quin and Peep Play Hide and Seek』
Momoko Kimoto 글 · 그림, RIC Publications, 2006

전개활동

9. 고양이의 새끼

🎭 **활동 제목**   Kitty cat chant

⚙️ **활동 목표**

① (과학) 동물에게 관심과 친밀함을 가지며, 동물과 그 새끼의 명칭을 자연스럽게 익힌다.

② (음악, 창의적 표현) 노래를 듣고 배우며, 다양한 방법으로 불러 본다.

🔆 **언어 목표**

동물과 그 새끼의 명칭을 영어로 접하고 친숙해진다.

🌲 **집단 유형**   대집단

📋 **소요 시간**   30분

🏠 **준비물**

① 동물 그림 막대: 다 자란 개, 고양이, 돼지, 닭, 오리와 각각의 아기 동물 그림을 나무젓가락의 양면에 붙인다.

② 『Touch and Feel Baby Animals』(Dorling Kindersley
　　Publishers Ltd, 1999)

③ 『Baby Animals』(Garth Williams 글·그림, Golden
　　Books, 2004)

 준비사항

동물 그림 막대는 유아 수만큼 준비한다.

 활동 진행 순서

도입 [5분]

① 『Touch and Feel Baby Animals』와 『Baby Animals』를 함께 읽는다.

② 동물과 그 새끼의 이름이 따로 있다는 것을 이야기한다.

　　T: 동물은 개, 고양이, 닭과 같이 각각 이름이 있어요. Animals have names like
　　　dog, cat, and chicken. 그리고 아기동물도 이름이 따로 있어요! Baby animals
　　　have their own names, too! 그 이름을 알아보도록 해요. Let's find out what
　　　they are.

전개 [20분]

① 고양이 그림 막대를 보여 준다.

　　T: (앞면과 뒷면을 보여 주며) 어른 고양이는 Cat. 아기 고양이는 Kitty라고 해요.
　　　'Kitty Cat' 챈트를 알려 줄게요. I will teach you the 'Kitty Cat Chant.' 같이
　　　불러 봐요. Let's sing together.

② Kitty Cat 챈트를 불러 준다.

　　Kitty Cat, Kitty Cat, Kitty Cat, Kitty Cat.

Kitty Cat, Kitty Cat, Kitty Cat, Cat.

③ 개, 돼지, 닭, 오리에 대해서도 각각 그림 막대의 양면을 보며 이름을 이야기 한 다음 챈트를 소개하고 같이 부른다.

Puppy Dog, Puppy Dog, Puppy Dog, Puppy Dog.
Puppy Dog, Puppy Dog, Puppy Dog, Dog.

Piglet Pig, Piglet Pig, Piglet Pig, Piglet Pig.
Piglet Pig, Piglet Pig, Piglet Pig, Pig.

Chick Chicken, Chick Chicken. (반복)
Chick Chicken, Chick Chicken, Chick Chicken, Chicken.

Duckling Duck, Duckling Duck. (반복)
Duckling Duck, Duckling Duck, (반복) Duck.

마무리 [5분]
① 모두 둥글게 앉는다.

T: 선생님이 퀴즈를 낼게요. It's a quiz time.

– 교사가 동물 그림 막대 중 하나를 뽑아 다 자란 동물 그림을 보여 준다.
– 교사 옆에 앉은 유아는 다 자란 동물 그림을 보고 새끼의 명칭을 맞혀야 한다.

T: 그림을 보고 이 동물의 새끼 이름을 맞혀 보세요. Please tell us the name of this animal's baby. 이 그림은 'chicken' 이니까, 새끼 이름은 'chick' 이겠죠?

② 그 옆의 유아가 다음 순서로 퀴즈를 푼다.

 유의사항

유아의 능력에 따라 동물 하나의 노래를 반복하거나, 여러 노래를 배우도록 한다.

확장활동

① 유아가 스스로 동물 책을 만들고, 각 동물의 명칭에 맞는 이름표를 찾아서 붙이도록 한다.
② 『Touch and Feel Baby Animals』 그림책을 읽은 뒤 여러 가지 천을 이용하여 각기 다른 촉감에 대해 이야기한다.

그림책

『Daddy Cuddles』
Anne Gutman 글, Georg Hallensleben 그림, Chronicle Books, 2005

『Mommy Loves』
Anne Gutman 글, Georg Hallensleben 그림, Chronicle Books, 2005

마무리활동

10. 고양이 연극

🔹 **활동 제목**　Meow, Meow, Meow

🔹 **활동 목표**

① (언어, 극) 유아들이 고양이를 처음 만난 날을 회상하고 헤어지는 날을 상상하여 연극을 꾸며 본다.

② (언어, 사회성) 친구를 처음 만났을 때와 헤어질 때의 인사말을 할 수 있다.

③ (언어) 이야기를 직접 만들어 볼 수 있다.

🔹 **언어 목표**

① 이야기 속에 나오는 문장을 배운다.

② 만났을 때의 인사와 작별인사를 이해하고 말할 수 있다.

🔹 **집단 유형**　대집단 또는 소집단

🔹 **소요 시간**　40분

🔹 **준비물**

연극 대본, 고양이 가면, 고양이를 처음 봤을 때의 사진들

준비사항

교사는 미리 짧은 연극 대본을 준비하여 이야기책으로 만든다.

 활동 진행 순서

도입 [10분]

교사가 미리 만든 이야기책을 유아들에게 읽어 준다(영어 그림책 참조).

전개 [20분]

① 이야기책에서 나왔던 고양이를 처음 만났을 때 한 말을 배워 본다.

    T: 우리가 고양이를 처음 봤을 때 뭐라고 했지요? What did you say to the kitty when you first met?

    C: Hello! / What are you doing? / Where are you from? / Where do you live? / Where is your mom?

② 이야기책에서 고양이와 헤어질 때 한 말을 배워 본다.

> T: 마지막 날에 고양이에게 뭐라고 말하고 싶어요? What do you want to say to the kitty on the last day?
>
> C: Good-bye! / So long. / Farewell. / I will miss you. / I hope you are well. / Be happy. / Eat well. / See you later.

마무리 [10분]

두 명의 유아가 짝을 지어 앞으로 나온 후 고양이와 이야기책의 주인공이 되어서 한 문장씩 말해 본다.

> C: What's your name? / Meow, meow.

 유의사항

그림책을 구성할 때 긴 문장은 피하고 반복되는 문구와 내용을 사용하여 배우고 자 하는 문장을 강화시킬 수 있도록 한다.

 확장활동

유아들이 책에 나오는 역할을 맡아 짧은 극놀이를 해 볼 수 있다.

책 만들기

교사가 만든 이야기책의 예

Baby kitty was crying outside the kindergarten.

Meow, Meow, Meow.

Moon class children went and asked.

What are you doing here?

Meow, Meow, Meow.

Where are you from?

Meow, Meow, Meow.

Where is your mommy?

Meow, Meow, Meow.

Do you want to live with us?

Meow, Meow, Meow.

It was time for the kitty to go back home.

She was sad to leave the moon class.

Meow, Meow, Meow.

Moon class was also very sad.

So long farewell, my friend.

Meow, Meow, Meow.

I will miss you.

Meow, Meow, Meow.

Be happy and eat well.

Meow, Meow, Meow.

Good-bye.

 그림책

『Hello! Good-bye!』
Aliki 글 · 그림, Greenwillow Books, 1996

마무리활동

11. 고양이 책 만들기

🎯 **활동 제목**   Mini-book making

🏆 **활동 목표**

① (미술) 고양이의 새로운 가족에게 고양이를 소개하는 미니북을 만든다.
② (조작) 풀칠을 하여 고양이 사진을 붙일 수 있다.
③ (언어) 고양이에 관해 말로 표현할 수 있다.

🔔 **언어 목표**

① 미니북을 만드는 교사의 지시를 따르고 이해할 수 있다.
② 나이, 이름, 생일을 묻고 답할 수 있다.

🌂 **집단 유형**   대집단 또는 개별

📚 **소요 시간**   40분

🏠 **준비물**

색깔 도화지(A3 크기), 색연필, 고양이 사진, 풀, 가위

준비사항

유아들과 함께 찍은 고양이 사진을 현상해 온다. 만 3세 유아가 미니북을 접기에는 아직 어려움이 있으므로 교사가 미리 미니북을 준비한다.

활동 진행 순서

도입 [10분]

① 전개활동에서 배운 고양이의 이름, 나이, 생일에 대하여 유아들에게 다시 물어본다.

> T: 고양이 이름이 무엇이지요? What is kitty's name?
> 고양이가 몇 살이지요? How old is the kitty?
> 고양이 생일은 언제인가요? When is the kitty's birthday?

② 자신의 이름, 나이, 생일도 말해 본다.

> C: My name is Ashley. I am 3 years old. My birthday is July 3rd.

전개 [20분]

① 교사가 종이를 미리 접어 유아들의 수에 맞게 준비한다.

② 지시에 따라 함께 미니북을 완성한다.

> - 가장 좋아하는 고양이 사진을 골라 보세요. Please pick out your favorite picture of the cat.
> - 사진을 책 첫 장에 풀로 붙여 보세요. Please glue the picture to the cover page.
> - 책장을 넘기고 고양이 이름을 적어 보세요. Please turn a page and write cat's name. (유아가 글씨를 적을 수 없을 경우, 교사가 미리 점선으로 그려 놓아 유아가 따라 적을 수 있게 한다.)

- 책장을 넘기고 고양이의 나이를 적어 보세요. Please turn a page and write cat's age.
- 책장을 넘기고 고양이의 생일을 적어 보세요. Please turn a page and write cat's birthday.
- 마지막 장에 고양이의 그림을 그려 보세요. Please draw a cat's image on the last page.

마무리 [10분]

유아들이 앞에 나와서 각자 만든 미니북을 발표해 본다.

 유의사항

유아가 미니북을 만들기 어려워하거나 글씨 쓰는 것에 미숙할 경우는 교사가 도움을 주어 활동을 성공적으로 마무리하도록 한다.

확장활동

유아들이 자신에 대한 미니북을 만들어 볼 수 있다.

노래

〈Mary had a little lamb〉을 개사하여 불러 본다(Mary 대신 학급 이름을 넣는다.).

Moon class had a little cat, little cat, little cat
Moon class had a little cat, its fur was white as snow
And everywhere that Moon class went, Moon class went, Moon class went,
Everywhere that Moon class went, the cat was sure to go.

그림책

『My Name Is Yoon』
Helen Recorvits 글, Gabi Swiatkowska 그림,
Farrar, Straus and Giroux, 2003

마무리활동

12. 송별회

🍎 **활동 제목** Good-bye, cat

🎨 **활동 목표**

① (언어) 글씨를 점선에 따라 쓰거나 그릴 수 있다.

② (미술) 고양이의 모습을 그릴 수 있다.

③ (사회성, 언어) 교사의 지시에 따를 수 있다.

🔔 **언어 목표**

① 고양이에게 작별인사를 할 수 있다.

② 송별회를 준비하는 지시를 이해할 수 있다.

③ 작별카드에 쓸 말을 배우고 직접 쓸 수 있다.

④ 작별노래를 따라 부를 수 있다.

🌲 **집단 유형** 대집단 또는 개별

📚 **소요 시간** 40분

준비물

고양이에게 줄 선물, 고양이와 함께 찍은 사진, 색도화지, 색연필

 준비사항

교사는 수업 시작 전 미리 유아들이 고양이에게 보내는 카드를 만들 수 있게 준비한 도화지 뒷면에 점선으로 "Good-bye, (cat's name), I will miss you."라고 써 놓는다. 고양이가 좋아했던 음식과 물건을 준비하여 탁자 위에 올려놓고 파티를 준비한다.

 활동 진행 순서

도입 [10분]

① 고양이가 좋아했던 음식/물건이 무엇인지 유아들과 함께 이야기해 본다.

T: 고양이가 무엇을 좋아했지요? What does she like?
　고양이가 어떤 음식을 좋아했지요? What kind of food does she like?
C: Milk.

② 고양이가 떠나기 전에 마지막으로 해 주고 싶은 말이 무엇인지 유아들과 함께 이야기해 본다. 유아가 한국어로 대답하면 그것을 영어로 어떻게 말하는지 알려 준다.

T: 고양이에게 뭐라고 말하고 싶어요? What do you want to say to (cat's name)?
C: "잘 가."라고 할 거예요.
T: "Good-bye."라고 하면 돼요.
C: Good-bye.

③ 지난 시간에 익힌 고양이의 새로운 주인에게 알려 줄 고양이에 대한 정보를

다시 한 번 복습한다(예를 들면, His/her name is ＿＿＿, He/she is ＿＿ years old).

전개 [20분]

① 유아들과 함께 고양이에게 보낼 작별카드를 만든다.

   - 작별할 때 사용하는 말을 배워 본다(예를 들면, Good-bye, I will miss you.).

   - 유아들에게 준비한 색도화지를 나눠 주고 앞쪽에 고양이 모습을 그리도록 한다.

   T: 도화지에 고양이 이름을 적어 보세요. Please draw cat's name on the colored paper.

   - 뒷면에 점선으로 적힌 'Good-bye (cat's name), I will miss you.'를 따라 적어 본다.

② ⟨It's time to go⟩라는 노래를 배워 본다.

마무리 [10분]

① 준비한 음식과 물건을 탁자 위에 올려놓고 작별파티를 한다.

② 유아들이 만든 카드를 작별 주머니에 넣는다.

③ 〈It's time to go〉를 함께 부른다.

 확장활동

고양이 주제탐구 표현활동을 고양이 송별회를 하면서 마무리하고 다음 주제탐구 표현활동에
대하여 이야기를 나눈다.

노래

〈It's time to go〉 -Hap Palmer-

It's time to go, farewell and good-bye
The clock keeps ticking, the day moves along
It's time to go, farewell and good-bye
We're saying so long with a song

You may be sad when things come to an end
But something surprising could be round the bend
Remember the old and welcome the new
And savor each moment whatever you do

[음악 출처] http://www.songsforteaching.com/happalmer/itstimetogo.htm

 그림책

『Oh No! Time to Go』
Rebecca Doughty 글 · 그림,
Schwartz & Wade, 2009

140

제5장
만 4세 활동 – 주제: 옥수수

1. 주제 선정 이유

　주제탐구 표현활동은 유아가 관심을 가지고 있는 한 가지 주제를 자발적으로 선정하여 적극적으로 탐색하고 조직화하는 과정이다. '옥수수'는 유아가 일상에서 자연환경을 경험할 수 있는 친숙한 주제다. 도시에서 생활하는 유아들에게 자연을 접할 수 있는 좋은 기회를 제공함으로써 흙을 만지면서 자연의 맛을 느끼고 자연과 더불어 사는 법을 배울 수 있게 할 수 있다.

　유아기는 자신을 둘러싼 환경을 사랑하는 법을 배워야 하는 시기다. 옥수수를 직접 키우고 관찰하는 생태교육을 실시함으로써 유아는 생명을 사랑하는 마음을 가질 수 있을 뿐 아니라, 옥수수 관찰을 통해 작은 것에도 관심을 가지고 심층적으로 탐구할 수 있는 능력을 발달시킬 수 있다.

　자신이 시작한 과제를 성공적으로 마무리지어 봄으로써 성취감을 느낄 수 있도록 돕는 것이 중요하다. 따라서 옥수수를 통한 다양한 확장활동으로 아이들의 감성을 자극하여 다양한 표현활동과 탐구활동이 이루어질 수 있도록 프로그램을 제시해 보고자 하였다.

2. 주제망

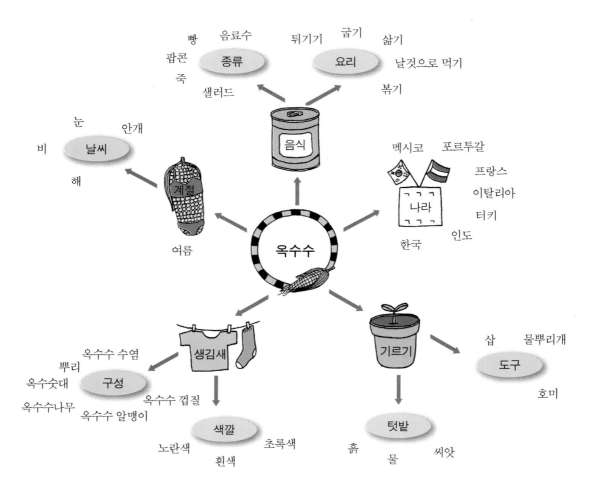

3. 영역 연관 활동망

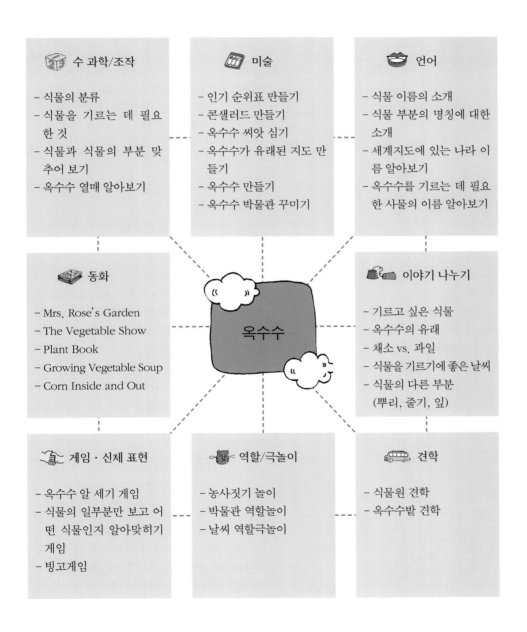

수 과학/조작
- 식물의 분류
- 식물을 기르는 데 필요한 것
- 식물과 식물의 부분 맞추어 보기
- 옥수수 열매 알아보기

미술
- 인기 순위표 만들기
- 콘샐러드 만들기
- 옥수수 씨앗 심기
- 옥수수가 유래된 지도 만들기
- 옥수수 만들기
- 옥수수 박물관 꾸미기

언어
- 식물 이름의 소개
- 식물 부분의 명칭에 대한 소개
- 세계지도에 있는 나라 이름 알아보기
- 옥수수를 기르는 데 필요한 사물의 이름 알아보기

동화
- Mrs. Rose's Garden
- The Vegetable Show
- Plant Book
- Growing Vegetable Soup
- Corn Inside and Out

옥수수

이야기 나누기
- 기르고 싶은 식물
- 옥수수의 유래
- 채소 vs. 과일
- 식물을 기르기에 좋은 날씨
- 식물의 다른 부분 (뿌리, 줄기, 잎)

게임 · 신체 표현
- 옥수수 알 세기 게임
- 식물의 일부분만 보고 어떤 식물인지 알아맞히기 게임
- 빙고게임

역할/극놀이
- 농사짓기 놀이
- 박물관 역할놀이
- 날씨 역할극놀이

견학
- 식물원 견학
- 옥수수밭 견학

143

4. 활동 전개표

	활동 제목 및 소주제	활동 영역	집단 유형	활동 개요
1	What do you want to grow? (기르고 싶은 식물)	언어 · 과학 · 만들기 · 사회	대집단/ 소집단	새로운 주제탐구 표현활동으로 선정하기 위해 유아들이 무엇을 기르고 싶어 하는지 알아본다. 기를 수 있는 식물의 단어카드를 이용해 채소 이름을 배워 보고 어떤 것을 기르고 싶은지 서로 인터뷰를 하여 인기 순위표를 그려 본다.
2	How does your plant look like? (식물의 생김새)	언어 · 게임 · 수조작	대집단/ 소집단	식물의 생김새를 관찰하여 영어로 표현하는 법을 배운다. 식물의 부분 그림과 단어카드를 이용해 이름을 알아본다. 게임을 통해 식물의 부분 이름을 반복하여 말해 보는 시간을 갖는다.
3	My fruit and vegetable song (채소와 과일의 특성)	언어 · 문해 · 수조작 · 과학 · 음률	대집단/ 개별	다양한 채소와 과일의 이름을 기억하고 색, 모양, 크기와 같은 특성에 대해 알아본 후 노래로 표현해 본다. 다양한 채소와 과일을 표현하는 단어를 배워 노래에 들어갈 알맞은 단어를 직접 써 보는 시간을 갖는다.
4	Planting a corn seed (씨앗 심기에 필요한 것)	TPR	대집단/ 개별	옥수수를 기르는 데 필요한 것이 무엇인지 알아보고 교사의 지시에 따라 옥수수 씨앗을 화분에 심어 본다.
5	Good weather for growing corn (날씨)	언어 · 노래	대집단	날씨의 표현 방법에 대하여 알아보고 옥수수를 기르는 데 어떤 날씨가 좋고 나쁜지 배워 본다. 노래를 통해 날씨의 특징과 표현 방법을 복습한다.
6	Where did it come from? (옥수수의 유래)	사회성 · 언어 · 조형	대집단	옥수수가 어디서부터 유래하였는지 알아보고 세계지도를 읽는 방법을 배워 본다. 세계지도를 이용하여 나라 이름을 배워 보고 옥수수의 유래에 관한 내용의 이야기책을 듣고 나라 이름을 말해 본다.

7	Making a corn salad (옥수수로 만들 수 있는 음식)	요리 · 언어 · 수조작 · 사회성	대집단/ 개별	준비된 재료의 이름을 배우고, 조리법에 적혀 있는 조리 표현들을 배운다. 깨끗한 음식 만들기에 필요한 규칙을 확인하고 정해진 조리법에 따라 옥수수 샐러드를 만든다.
8	Corn observation (옥수수 관찰)	수조작 · 문해 · 게임 · 신체	소집단/ 개별	직접 기른 옥수수나무를 살펴보고 관찰한 내용을 관찰기록지에 기록한다. 옥수수의 구조와 명칭에 대해 알아보고 옥수수의 색, 크기, 옥수수나무의 개수 등을 관찰하여 일지를 작성하는 방법을 배운다. 옥수수의 부분별 이름으로 팀을 나누고 각 팀마다 동작을 만들어 게임해 본다.
9	Making an enormous corn (옥수수 만들기)	신체 · 수조작 · 조형 · 사회성	대집단/ 개별	옥수수 열매를 이루고 있는 각 부분(옥수수 속, 옥수수 알맹이)들을 부르는 말에 대해 알아본다. 유아들이 다양한 색깔의 종이를 오려 옥수수 알맹이를 만들면, 이를 준비된 옥수수 속 배경판에 붙여 모두 함께 협동 작품으로 거대한 옥수수를 완성한다. 완성한 후에는 옥수수 알맹이를 함께 세어 본다.
10	Corn Museum Ⅰ (박물관의 구역)	예술 · 수조작 · 언어 · 사회성	대집단/ 소집단	박물관에 어떤 구역이 있는지 자신의 경험을 토대로 이야기를 나눈다. 박물관에는 어떤 구역들이 있는지 정리하고 각 구역을 이르는 말에 대해 알아본다. 또 각 구역에서 무엇을 할 수 있는지에 대해 이야기를 나눈다. 이야기 나누기를 마친 후에는 옥수수 주제탐구 표현활동의 종결활동으로 진행할 옥수수 박물관에 활용하는 구역카드를 만든다.
11	Corn Museum Ⅱ (박물관에서의 대화)	언어 · 사회성	대집단/ 소집단	옥수수 박물관에서 영어로 대화를 나눌 수 있도록 각 구역에서 일어날 수 있는 알맞은 영어 표현을 배운다. 영어 표현을 배운 후에는 두 명씩 짝을 지어서 한 명은 박물관 안내원이 되고 다른 한 명은 관람객이 되어 대본에 맞추어 역할 연기를 해 본다.
12	Corn Museum Ⅲ (역할놀이)	언어 · 사회성	대집단/ 소집단	유아들을 박물관 팀과 관람객 팀으로 나누어 설치가 완성된 옥수수 박물관에서 역할놀이를 한다. 전 차시에서 배운 영어 표현을 활용해 보도록 한다. 역할놀이를 끝내면 역할을 바꾸어 다시 한 번 역할놀이를 한다.

5. 실제 활동

 도입활동

1. 기르고 싶은 식물

🍎 **활동 제목**　What do you want to grow?

🌿 **활동 목표**

① (과학, 언어) 새로운 주제탐구 표현활동으로 선정하기 위해 유아들과 함께 무엇을 기르고 싶은지 알아본다.

② (과학) 도표를 만들고 읽을 수 있다.

③ (언어) 자신이 원하는 것을 말로 표현할 수 있다.

🌽 **언어 목표**

① 채소의 이름과 모양을 알 수 있다.

② 'What do you want' 를 사용하여 질문할 수 있다.

③ 도표를 만드는 지시를 이해할 수 있다.

④ 'most' 와 'least' 를 이해하고 사용하여 말할 수 있다.

⑤ 'favorite' 을 이해하고 사용하여 말할 수 있다.

🌲 **집단 유형**　대집단 또는 소집단

소요 시간   40분

![준비물] 준비물

채소 이름 단어카드, 채소 사진, 도표 게시판 또는 칠판, 전지, 까슬이 스티커

![준비사항] 준비사항

교사는 미리 영어 단어카드와 채소 사진을 준비한다. 도표를 만들 판에 채소 사진과 단어카드를 붙일 수 있도록 미리 사진과 카드 뒤에 까슬이를 붙여 준비한다. 소그룹 활동을 하기 위하여 교사는 미리 소그룹을 짜 놓는다.

![활동 진행 순서] 활동 진행 순서

도입 [10분]

① 유아들이 흔히 볼 수 있는 채소 사진과 단어카드를 이용하여 해당하는 영어를 알아본다.

　　T: 이 사진에 나와 있는 채소 이름이 무엇인지 알아요? What is the name of this vegetable?
　　C: 오이예요.
　　T: 맞아요. 그럼, 영어로는 뭐라고 할까요? It's a cucumber. 따라해 보세요. Cucumber.

　　여러 가지 채소를 더 보여 준다. beans, corn, broccoli 등

② 목록에 없는 채소라도 유아들이 관심 있거나 물어보는 것에 대해서 이야기해 보고 영어로 알려 준다.

　　T: What is 당근 in English?

전개 [25분]

① 도입에서 다룬 채소 목록 중에서 유아들이 가장 좋아하는 것을 알아본다.

　T: 가장 좋아하는 채소가 뭐예요? What is your favorite vegetable?
　C: My favorite vegetable is a tomato.

　　몇 가지 식물을 골라 몇 명의 유아들이 좋아하는지 알아본다.

　T: 브로콜리를 좋아하는 친구들은 손들어 보세요. Please raise your hand if you like broccoli.

　　유아들의 투표로 식물의 인기도를 도표로 그린다.

　T: 몇 명의 친구들이 브로콜리를 좋아하는지 알아볼까요? How many people like broccoli?
　　함께 세어 보아요. Let's count.
　C: One, two, three.
　T: 세 명이 브로콜리를 좋아하네요. Three people like broccoli.
　　몇 명의 친구들이 옥수수를 좋아할까요? 함께 세어 보아요. How many people like corn? Let's count.
　C: One, two, three, four, five.
　T & C: Five people like corn.
　T: 이제 인기도 그래프를 함께 그려 볼까요? Let's draw a popularity graph!
　　가장 인기가 많은 것은 무엇인가요? Which is the most popular?
　　가장 인기가 없는 것은 무엇인가요? Which is the least popular?

② 유아들에게 채소 중에서 어떤 것을 길러 보고 싶은지 물어본다.

　T: 길러 보고 싶은 채소가 있어요? Which vegetable do you want to grow?

　　유아들끼리 소그룹으로 서로 인터뷰하여 ①에서 해 본 인기 순위표를 그려 본다.

마무리 [5분]

유아들이 만든 인기 순위표를 보면서 수수께끼를 풀어 본다.

> T: 이 그래프에서 가장 인기가 많은(없는) 채소는 무엇인가? In this graph, which is the most(least) popular vegetable?

> T: 두 명이 이 채소를 좋아해요. 이 채소가 무엇이죠? Two people like this vegetable. What is it?

 유의사항

인기 순위표를 만들기 전 교사가 미리 만드는 방법을 알려 주며 시범을 보인다.

 확장활동

채소가 아닌 꽃이나 과일에 대한 인기 순위표를 만들어 본다.

 노래

Vegetables (〈Mary had a little lamb〉 노래에 맞추어 부른다.)

I'm a tomato, red and round,
Red and round, red and round.
I'm a tomato, red and round,
Seated on the ground.

I'm a corn stalk, tall and straight,
Tall and straight, tall and straight.
I'm a corn stalk, tall and straight,
And I taste just great.

그림책

『Mrs. Rose's Garden』
Elaine Greenstein 글 · 그림, Simon & Schuster, 1996

『The Vegetable Show』
Laurene Krasny Brown 글 · 그림, Little Brown, 1995

도입활동

2. 식물의 생김새

🌱 **활동 제목** How does your plant look like?

🌱 **활동 목표**

① (과학, 언어) 식물을 관찰하고 표현할 수 있다.

② (수학, 과학) 식물의 부분만으로 전체를 알 수 있다.

③ (조작, 사회성) 친구와 협동하여 퍼즐을 맞출 수 있다.

🌱 **언어 목표**

① 식물을 구성하는 각 부분의 이름을 배운다.

② 모양과 색깔을 이용하여 식물이 어떻게 생겼는지 표현할 수 있다.

🌲 **집단 유형** 대집단 또는 소집단

📖 **소요 시간** 40분

📚 **준비물**

여러 가지 다른 모습의 식물 사진 혹은 실물, 단어카드, I spy 게임에 필요한 그림과 그림을 가릴 수 있는 덮개

활동 진행 순서

도입 [10분]

① 식물의 각 부분을 보여 주는 사진과 단어카드를 소개한다(예를 들면, roots, seed, stem, leaves, bud, flower, petals).

T: 이것을 뭐라고 하는지 아는 친구 있어요? Who knows what this is called?
C: 뿌리예요.
T: 맞아요. Yes. This is '뿌리' in Korean and it is called 'roots' in English.

② 여러 식물의 파트는 어떻게 다르게 혹은 비슷하게 생겼는지 알아본다.

전개 [25분]

① I spy game: 식물의 그림을 부분적으로 가리고 일부만 유아들에게 보여 주어, 이것이 어느 부분인지, 또한 그 식물이 무엇일지 맞혀 보도록 한다.

T: 이게 무엇인가요? What is this?
C: That's a petal.
T: 맞아요. 꽃잎이에요. That's right. It is a petal.
　　I spy with my little eye something that has a petal. (눈을 작게 뜨고) 나의 작은 눈으로 꽃잎을 가진 식물을 찾아요.
C: Flower.
T: Right, this is a flower.

② 유아들에게 각기 다른 식물의 부분 그림을 나누어 주고 함께 하나의 완성된 그림을 만들게 한다.

T: Please raise your hand if you have a petal. 꽃잎을 가진 친구는 손들어 보세요.
　　잎과 뿌리를 가진 친구들을 찾아 꽃을 완성해 보세요. Find a friend who has

leaf and root, please.

꽃의 뿌리를 가진 유아는 꽃의 줄기, 꽃잎을 가진 유아들을 찾아 퍼즐을 맞춘다.

C1: What do you have?

C2: I have flower petals.

C1: Let's put them together.

완성된 그림이 무엇인지 친구들에게 이야기한다.

C2: This is a flower.

마무리 [5분]

퍼즐로 완성한 그림을 들고 앞으로 나와 친구들에게 무엇인지 이야기한다. 이때 교사가 먼저 시범을 보여 준다.

C: This is a yellow flower. It has petals, a stem, leaves and roots.

확장활동

유아들이 다양한 식물의 부분을 이용해 새로운 식물을 상상하여 만들어 보고 영어 이름을 지어 준다.

노래

챈트

What is this?
This is a flower.
It has petals, petals, petals.

What is this?
This is a corn.
It has tassels, tassels, tassels.

What is this?
This is a turnip
It has roots, roots, roots.

그림책

『Plant Book』
Pamela Hickman 글, Heather Collins 그림, Kids Can Press, 2000

도입활동

3. 채소와 과일의 특성

🎨 **활동 제목**   My fruit and vegetable song

🎯 **활동 목표**

① (과학) 다양한 채소와 과일의 색깔, 크기, 모양에 대해 배울 수 있다.

② (음악) 여러 가지 채소와 과일 이름이 들어간 노래를 배우고 각 채소와 과일에
맞는 설명을 넣어 가사를 바꿔 노래를 부를 수 있다.

🌱 **언어 목표**

① 여러 가지 채소와 과일의 색깔, 크기, 모양을 표현하는 어휘를 배운다.

② 여러 가지 채소와 과일 이름을 써 보고 색깔, 크기, 모양을 글로 쓸 수 있다.

🌲 **집단 유형**   대집단 또는 개별

⏱ **소요 시간**   40분

🏠 **준비물**

과일과 채소 사진, 단어카드(모양, 색깔, 크기), 연필, 과일/채소 그림과 노래 가
사가 적힌 활동지, 사진과 단어카드를 붙일 판

준비사항

과일과 채소 그림과 노래 가사가 적힌 활동지를 개별 유아용으로 준비한다.

 활동 진행 순서

도입 [15분]

① 여러 가지 과일과 채소의 사진과 단어카드를 함께 보여 주면서 과일과 채소의 영어 이름을 연결시켜 복습한다.

> T: (오이, 토마토, 옥수수, 배추와 같은 채소 사진을 보여 주며) 이것들은 채소일까요 과일일까요? Are these vegetables or fruits?
>
> C: They are vegetables! 채소요!
>
> T: 맞아요. (바나나, 수박, 딸기 등의 사진을 보여 주며) 그럼 이것들은 뭐라고 부를까요? Who remembers what these are called?
>
> C: They are fruits! 과일이요!
>
> T: 잘했어요. (그림카드를 모두 섞어서 판에 붙인 후) 누가 나와서 과일을 모두 골라 볼까요? Who can come up and pick out all of the fruits on the board?
>
> T: (과일과 채소로 나눈 다음 각각의 과일과 채소의 이름을 다시 기억해 본다.) 여기 있는 과일과 채소 이름을 모두 기억하나요? Now, do you remember names of all these vegetables and fruits?
>
> T: (유아가 나와서 각각의 과일과 채소의 이름이 붙은 판에 알맞은 과일과 채소의 이름을 붙여 보도록 한다.) 그럼 바나나의 이름을 찾아서 바나나 그림을 붙여 볼 수 있는 친구는 손들어 보세요. Please, raise your hand if you can find banana and put it under its name. (banana, grape, tomato, corn, watermelon, strawberry 등으로 바꾸어 해 본다.)

② 과일과 채소의 다양한 색깔, 모양, 크기에 대해 알아본다.

> T: (유아에게 과일 그림을 보여 주며) 이 바나나는 무슨 색일까요? What color is

this banana?

T: 이 바나나는 어떤 모양인가요? What shape is this banana?

　– 다음의 대답들이 나올 수 있다.
　색깔: red, orange, yellow, green, blue, purple, white, brown
　크기: tall, short, small, big, long
　모양: round, oval

〈Vegetables and Fruits〉 노래를 배워 본다(다음 내용 참고).

전개 [20분]

① 각 유아가 자신의 과일이나 채소를 선택한다.

T: Please come out and pick one fruit or vegetable. 앞으로 나와서 과일이나 채소 그림 중에 하나를 고르세요.

② 각각의 과일이나 채소에 해당하는 두 가지 설명을 고르도록 한다.

T: Wow, you picked a tomato. 토마토를 골랐네요.
T: What color is it? 무슨 색이지요?
C: It's red.
T: Yes, that's right! What shape is it? 예, 맞아요! 어떤 모양이지요?
C: It's round.

③ 다음과 같이 가사와 해당 과일이나 채소의 그림이 적힌 종이를 나누어 주고 각자 과일이나 채소를 설명할 두 가지를 적어 넣도록 한다.

T: Now, please fill out your song with what you've picked.
토마토는 빨갛고 둥그니까 'red and round' 라고 써 볼까요?

157

TOMATO

I' m a tomato, _____ and _____,

_____ and _____, _____ and _____.

I' m a tomato, _____ and _____,

_____ and _____, _____ and _____.

Seated on the ground.

④ 유아가 적어 넣은 노랫말에 따라 함께 노래를 불러 본다.

　　T: Okay, 노래를 다 만들었어요. Shall we sing your song together?

마무리 [5분]

과일이나 채소의 이름을 말하지 않고 두 가지 설명을 넣어 노래를 부른 후 유아들이 그 과일이나 채소가 무엇인지 맞혀 보도록 한다.

　　T: 이 채소는 빨갛고 동그래요. 어떤 채소일까요? It is a vegetable and it is red and round. What vegetable is it?

I' m a _____, red and round,

Red and round, red and round.

I' m a _____, red and round,

Red and round, red and round.

Seated on the ground.

확장활동

노랫말에 꽃이나 나무와 같은 다른 식물의 이름을 넣어 활동 영역을 넓힐 수 있다.

노래

Vegetables and Fruits (〈Mary Had a Little Lamb〉 노래에 맞추어 부른다.)

I'm a tomato, red and round,
Red and round, red and round.
I'm a tomato, red and round,
Red and round, red and round.
Seated on the ground.

I'm a corn stalk, tall and straight,
Tall and straight, tall and straight.
I'm a corn stalk, tall and straight,
And I taste just great.

그림책

『Growing Vegetable Soup』
Lois Ehlert 글 · 그림, Voyager Books, 1990

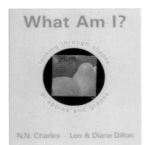

『What Am I?: Looking
through Shapes at
Apples and Grapes』
N. N. Charles 글,
Leo and Diane Dillon 그림,
Scholastic, 1994

전개활동

4. 씨앗 심기에 필요한 것

🏅 **활동 제목** Planting a corn seed

🏵 **활동 목표**

① (과학, 언어) 옥수수를 심고 기르는 데 필요한 것이 무엇인지 알아본다.
② (신체) 교사의 지시에 따라 실행할 수 있다.
③ (조작) 옥수수 씨앗을 화분에 심을 수 있다.

🎖 **언어 목표**

① 옥수수를 심는 데 필요한 사물의 이름을 알 수 있다.
② 씨앗을 화분에 심는 데 필요한 지시를 이해할 수 있다.

🏕 **집단 유형** 대집단 또는 개별

🏀 **소요 시간** 40분

📚 **준비물**

옥수수 씨앗, 작은 화분, 물뿌리개, 모종삽, 흙, 단어카드

준비사항

① 준비물을 유아의 인원수에 맞게 준비한다.

② 흙은 유아들이 씨앗을 화분에 심을 때 나눠 주어 유아들이 미리 흙으로 장난
치지 않도록 한다.

③ 유아가 화분에 씨앗을 모두 심으면 교사가 직접 물뿌리개로 물을 뿌려 준다.

활동 진행 순서

도입 [5분]

① 옥수수를 심는 데 필요한 도구의 영어 이름을 배워 본다.

　T: (교사가 옥수수 씨앗을 보여 주며) This looks familiar. What is it?
　C: 씨앗이요.
　T: 맞아요. It is a seed.

　교사는 위와 같은 방식으로 화분, 모종삽, 물뿌리개, 흙을 소개한다(pot, scoop,
　watering can, soil).

② 유아들이 나와서 위에서 배운 단어가 있는 사진과 단어카드를 서로 짝지어
본다.

전개 [25분]

① 유아들이 화분에 직접 옥수수 씨앗을 심기 전, 교사가 먼저 설명과 함께 시범
을 보여 준다.

　T: 이제 선생님이 옥수수 씨앗을 심는 방법을 보여 줄 거예요. 잘 보면서 들어 봐요.
　Now, I am going to show how to plant a corn seed. Please Listen and watch
　carefully.
　Please hold a pot. 화분을 들어요.

Please put a tin of soil into the pot. 화분에 흙을 넣어요

Please plant a corn seed into the pot. 화분에 옥수수 씨앗을 심어요.

Please pack the soil down. 흙을 잘 다져요.

Please water the seed. 화분에 물을 뿌려 주세요.

② 교사가 시범을 보인 뒤, 유아들에게 도구를 나누어 준다.

유아들이 교사의 설명을 들으면서 씨앗 심는 것을 한 단계씩 진행한다.

T: 자 이제부터 옥수수 씨앗을 심어 보아요. Now, let's plant a corn seed.
First, hold a pot. (교사는 앞의 설명을 차례로 반복한다.)

마무리 [10분]

유아들에게 자신의 화분에서 옥수수 씨앗이 자라면 어떤 모습일지 상상하여 그림을 그려 보도록 한다.

T: 여러분이 심은 씨앗이 자라면 어떤 모습일까요? Let's imagine how your seed will grow. Please draw a picture of it. 한번 그려 보세요.

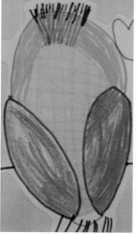

유의사항

유아들이 화분에 옥수수 씨앗을 심을 때 장난치지 않도록 교사가 주의를 기울여야 한다.

옥수수 씨앗을 심고 물을 주는 유아들

 확장활동

옥수수 씨앗이 자라서 모종이 되면 유치원 텃밭에 옥수수 모종을 심어 본다.

노래

Plants (〈The farmer in the dell〉 노래에 맞추어 부른다.)

The farmer plants the seeds
The farmer plants the seeds
Hi, Ho and Cherry O
The farmer plants the seeds

And the rain begins to fall
The rain begins to fall
Hi, Ho and Cherry O
The rain begins to fall

And the sun begins to shine
The sun begins to shine
Hi, Ho and Cherry O
The sun begins to shine

And the plants begin to grow
The plants begin to grow
Hi, Ho and Cherry O

The plants begin to grow

And the buds all open up
The buds all open up
Hi, Ho and Cherry O
The buds all open up

And the flowers smile at me
The flowers smile at me
Hi, Ho and Cherry O
The flowers smile at me

 그림책

『From Seed to Plant』
Gail Gibbons 글 · 그림, Holiday House, 1991

『The Little Red Hen Big Book』
Paul Galdone 글 · 그림, Sandpiper, 2006

165

전개활동

5. 날 씨

🌰 **활동 제목**   Good weather for growing corn

🌰 **활동 목표**

① (과학, 언어) 옥수수를 기르는 데 어떤 날씨가 좋고 나쁜지 알아본다.

② (언어, 사회성) 자신의 생각을 친구들과 이야기할 수 있다.

③ (음악) 노래를 듣고 배우며, 응용하여 다르게 불러 볼 수 있다.

🌰 **언어 목표**

① 날씨를 표현하는 말을 할 수 있다.

② 'too'를 사용하여 표현할 수 있다.

🌰 **집단 유형**   대집단

🌰 **소요 시간**   40분

🌰 **준비물**

① 다양한 날씨를 보여 주는 사진 또는 그림, 단어카드

② 『Too Much Noise』(Ann McGovern 글, Simms Taback 그림, Sandpiper, 1992)

 활동 진행 순서

도입 [10분]

유아들에게 『Too Much Noise』를 읽어 준다.

유아들과 책에서 나오는 부사 'too' 가 어떤 의미로 쓰이는지 함께 이야기해 본다.

T: 책에서 피터 할아버지 집이 어땠어요? How was the house of Peter's grandfather in the story?

C: 시끄러웠어요.

T: 맞아요, 너무 시끄러웠죠? Yes. It was too noisy. 선생님이 지금 소리를 내 볼 거예요. I am going to make some noise. (교사는 피아노를 작게 친다.)

T: 어떤 소리예요? How does it sound?

C: It sounds good.

T: (교사는 피아노를 매우 시끄럽게 두드린다.) How does it sound?

C: Too noisy!!

전개 [20분]

① 날씨에 대하여 유아들과 함께 복습한다.

날씨 사진을 보여 준다.

T: (해가 나는 사진을 보여 주며) 날씨가 어때요? How is the weather?
　해가 나지요? It is Sunny.
(sunny, rainy, windy, cold, hot, foggy 등 다양한 날씨 사진을 보여 주며 영어로 어떻게 말하는지 같은 방법으로 말한다.)

다양한 날씨 상황을 교사가 몸짓만으로 보여 주고 어떤 날씨인지 알아맞히는 게임을 한다. 교사가 날씨를 흉내 내는 마임을 한 뒤, "How is the weather?" 라고 유아에게 물어본다.

T: (교사가 비오는 날씨를 설명하기 위해 손으로 하늘에서 비오는 흉내를 낸다.) 날
씨가 어떻지요? How is the weather?
비가 오는 거지요? It's rainy.
This is how we are going to play.

유아는 'It's rainy/windy/sunny/cold/hot/foggy.' 등으로 대답한다.

② 도입에서 배운 부사 'too' + 'much/little' 을 날씨에 적용시켜서 이야기해 본다.

T: (교사는 비오는 사진과 폭우가 쏟아지는 사진을 보여 준다.) 비 오는 날이에요.
It's rainy. (폭우가 쏟아지는 사진을 보여 주며) 이 사진은 어때요? 비가 너무 많
이 오죠? How is this? It is too much rain.

too much sun/fog/wind 등도 같은 방식으로 보여 준다.

③ 어떤 날씨가 옥수수를 기르는 데 좋을지 이야기해 본다.

T: 너무 많은(적은) 비가 옥수수에게 좋을까요? Is too much(little) rain good for corn?

너무 많은(적은) 해가 옥수수에게 좋을까요? Is too much(little) sun good for corn?

(아이들이 웃으면서 "No."라고 대답한다.)

T: 맞아요. 옥수수를 기르기 위해서는 적당한 양의 비와 해가 필요해요. We need right amount of rain and sun for growing corn.

마무리 [10분]

유아들에게 자신에게 해로운 것이 무엇인지 이야기해 보도록 한다.

T: What do you think is bad for us? 우리에게 해로운 것은 무엇이 있을까요?

C: Too much chocolate is bad for me.

Too little meal is bad for me.

Too much sugar is bad for me.

확장활동

애완동물을 기를 때 필요한 'do's and don'ts'를 배워 본다.

노래

Weather (〈BINGO〉 노래에 맞추어 부른다.)

There was a day when we got wet
And rainy was the weather
R–A–I–N–Y, R–A–I–N–Y, R–A–I–N–Y
And rainy was the weather.

There was a day when it was shiny
And sunny was the weather

S–U–N–N–Y, S–U–N–N–Y, S–U–N–N–Y
And sunny was the weather.

There was a day when we were blurry
And foggy was the weather
F–O–G–G–Y, F–O–G–G–Y, F–O–G–G–Y
And foggy was the weather.

그림책

『Weather Words and What They Mean』
Gail Gibbons 글 · 그림, Holiday House, 1992

6. 옥수수의 유래

활동 제목 Where did it come from?

활동 목표

① (문화, 역사) 옥수수가 어디서 전래되었는지 알 수 있다.
② (조작) 세계지도를 읽을 수 있다.
③ (언어) 지도에서 원하는 나라의 이름을 찾아 읽을 수 있다.

언어 목표

① 나라의 이름을 알 수 있다.
② 'come from' 과 'go' 의 의미와 사용법 과거형을 이해하고 말할 수 있다.
③ 옥수수로 만든 음식의 이름을 알 수 있다.
④ 지도를 찾는 방법의 지시를 이해할 수 있다.

집단 유형 대집단

소요 시간 40분

준비물

(간단한) 세계지도, 옥수수, 옥수수 스티커, 화살표 스티커, 나라 사진, 단어카드, 옥수수의 유래를 설명하는 이야기책

 준비사항

① 옥수수가 우리나라로 전해진 과정을 알기 쉽게 나타내기 위해서 세계지도를 벽에 붙여 볼 수 있을 정도의 크기로 준비한다.
② 교사가 미리 옥수수의 유래를 쉽게 보여 주는 짧은 이야기책을 만든다.

 활동 진행 순서

도입 [10분]

지도 보는 법을 배운다. 세계지도를 유아들에게 보여 주고 그것에 대해 이야기해 보도록 한다.

　T: 이게 무엇인지 아는 친구 있어요? Does anyone know what this is called?
　C: 지도예요. It is a map. 세계에 있는 모든 나라를 보여 줘요. It shows all the countries in the world.
　　한국을 찾아볼 수 있어요? Can you find Korea? Here is Korea.

　- 유아들이 찾는 데 어려움을 겪으면 교사가 손가락으로 짚어 주며 'Korea' 라고 적힌 단어카드를 지도 위에 붙인다.
　- 우리나라 이외에 다른 어떤 나라들이 있는지 알아보고 읽어 본다. Mexico, Japan, France, Italy, China, India, U.S.A, Canada 등

전개 [20분]

① 옥수수를 보여 주고 옥수수가 어느 나라에서 처음 발견되었는지 알아본다.

　T: 이게 무엇인가요? What is this? It's a corn!

T: 어디에서 왔을까요? Where do you think it came from?

유아들이 시장, 집, 시골 등을 이야기하면, 세계지도를 가리키며 어느 나라에서 왔을지 맞혀 보도록 한다.

T: 지도를 봐요. 어느 나라에서 왔을까요? Which country do you think it first came from?

T: 멕시코라는 나라에서 왔어요. It came from Mexico.

Mexico라고 적힌 단어카드와 옥수수 스티커를 멕시코 자리에 붙인다.

② 멕시코에서부터 우리나라로 어떻게 오게 되었는지 알아보기 위해 교사가 만든 이야기책을 읽는다(그림책 참조).

마무리 [10분]

이야기책을 읽고 난 후, 유아들이 옥수수가 우리나라로 온 이동 경로를 세계지도에 나타내는 활동을 해 본다. 유아가 한 명씩 나와서 옥수수가 이동한 경로를 나라 순서별로 찾아 세계지도에 옥수수 스티커로 표시한다.

> T: 옥수수가 멕시코에서 어디로 갔죠? Where did corn go from Mexico?
>
> C: 포르투갈로 갔어요. It went to Portugal.
>
> T: 지도에서 포르투갈을 찾아볼 수 있어요? Can you find Portugal in the map?
> 포르투갈 다음엔 어디로 갔죠? Where did corn go from Portugal?
>
> C: 프랑스로 갔어요. It went to France.
>
> T: 지도에서 프랑스를 찾아볼 수 있어요? Can you find France in the map?

🏛 유의사항

교사가 이야기책을 만들 때에는 짧고 이해하기 쉬운 문장으로 만들어야 하며, 한 페이지에는 그림을, 또 다른 페이지에는 짧은 문장을 적는다.

확장활동

유아가 사는 동네의 지도를 그려 본다.

노래

교사가 만든 이야기책의 예

Long long time ago,
People came to Mexico.
There they found yummy corn.
Yummy yummy corn.

They took yummy corn to Portugal.
Portuguese loved yummy corn.

They took yummy corn to France.
French loved yummy corn.

They took yummy corn to Italy.
Italian loved yummy corn.

They took yummy corn to Turkey.
Turkish loved yummy corn.

They took yummy corn to India.
Indian loved yummy corn.

They took yummy corn to China.
Chinese loved yummy corn.

They took yummy corn to Korea.
Korean loved yummy corn.

Yummy yummy corn, We all love you.

그림책

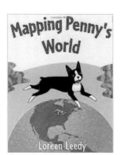

『Mapping Penny's World』
Loreen Leedy 글 · 그림, Owlet Paperbacks, 2003

전개활동
7. 옥수수로 만들 수 있는 음식

활동 제목 Making a corn salad

활동 목표

① (요리, 언어) 정해진 조리법을 따라 음식을 만들 수 있다.
② (수조작) 눈·손의 협응력을 발달시킨다.
③ (사회성) 청결한 조리 예절을 실천할 수 있다.

언어 목표

① 옥수수 샐러드를 만드는 데 필요한 각 재료의 이름을 바르게 말할 수 있다.
② 각 조리 단계에 기술된 표현을 듣고 이해할 수 있다.

집단 유형 대집단 또는 개별

소요 시간 40분

준비물

① 8절지 크기의 옥수수 샐러드 사진 자료
② 조리의 모든 과정을 나타낸 4절지 크기의 그림 자료

옥수수 샐러드 만드는 법

1. 채소를 흐르는 물에 씻어요. the Rinse vegetables.
2. 모든 채소를 잘게 썰어요. Chop all the vegetables.
3. 잘게 썬 채소에 옥수수와 샐러드드레싱을 넣어요. Add corn and salad dressing.
4. 잘 섞어요. Mix well.
5. 맛있게 여러분이 만든 옥수수 샐러드를 먹어요. Enjoy your corn salad.

③ 요리할 때 지켜야 할 규칙이 적혀 있는 4절지 크기의 자료

음식을 만들 때는

1. 앞치마를 입어요. Wear an apron.
2. 머릿수건을 둘러요. Wear a kerchief.
3. 손을 씻어요. Wash your hands.

④ 샐러드 재료: 옥수수 통조림, 토마토, 양파, 피망, 셀러리, 이탈리안 샐러드드레싱, 빵칼

 준비사항

① 유아가 사용하기에 안전한 플라스틱 소재의 빵칼을 준비한다.
② 모든 유아가 고르게 참여할 수 있도록 재료를 미리 고르게 배분한다.

활동 진행 순서

도입 [10분]

① 준비된 재료의 이름을 배운다.

T: (옥수수 샐러드 사진을 보여 주며) 오늘은 옥수수 샐러드를 만들 거예요. Today, we are going to make a corn salad.

T: 옥수수 샐러드를 만드는 데 필요한 재료들을 알아볼까요? Let's see what ingredients we need to make a corn salad.

T: 먼저 옥수수 통조림이 필요하지요. First we need canned corns. (옥수수 통조림을 바구니에서 꺼내 보여 주고 책상 위에 내려놓는다.) Repeat after me, please. Canned corns.

C: Canned corns

T: 또 여러 종류의 채소도 필요하지요. We also need many kinds of vegetables. 채소를 영어로 'vegetable'이라고 한답니다. Repeat after me. We also need many kinds of vegetables.

C: We also need many kinds of vegetables.

T: 예를 들면, Such as, 토마토. Tomatoes. (해당 채소를 바구니에서 꺼내 보여 주고 책상 위에 내려놓는다.)

C: Tomatoes.

T: 양파. Onions.

C: Onions.

T: 피망. Green peppers.

C: Green peppers.

T: 그리고 셀러리 몇 대. And some stalks of celery.

C: And some stalks of celery.

T: Very good. 마지막으로 샐러드드레싱이 필요해요. Lastly we need a bottle of salad dressing. A bottle of salad dressing.

C: A bottle of salad dressing.

② 조리 과정이 그려진 그림 자료를 활용하여 미리 전체 조리 과정을 알아본다.
그러면서 조리법에서 지시하고 있는 영어 표현을 배운다.

> T: 채소를 흐르는 물에 씻어요. Rinse the vegetables.
>
> C: Rinse the vegetables.
>
> T: 모든 채소를 잘게 썰어요. Chop all the vegetables.
>
> C: Chop all the vegetables.
>
> T: 잘게 썬 채소에 옥수수와 샐러드드레싱을 넣어요. Add corn and salad dressing.
>
> C: Add corn and salad dressing.
>
> T: 잘 섞어요. Mix well.
>
> C: Mix well.
>
> T: 그리고 맛있게 여러분이 만든 옥수수 샐러드를 먹어요. And enjoy your corn salad.
>
> C: And enjoy your corn salad.
>
> T: Very Good.

전개 [20분]

① 유아들이 머릿수건과 앞치마를 두르고 손을 씻고 오도록 한다.

② 요리를 시작하기 전 위생적인 조리활동을 위하여 지켜야 할 규칙을 확인한다.

> T: 친구들, 요리를 하기 전에는 반드시 지켜야 할 규칙이 있어요. 함께 읽어 볼까요? Let's read out loud the cooking rules, shall we? 첫 번째, 앞치마를 입는다. One, wear an apron.
>
> C: One, wear an apron.
>
> T: 이 규칙을 지킨 친구들은 손들어 보세요. Please raise your hands if you have followed this rule. Very good.
>
> T: 두 번째, 머릿수건을 두른다. Two, wear a kerchief.
>
> C: Two, wear a kerchief.

T: 머릿수건을 두른 친구들은 손들어 보세요. Please raise your hands if you are wearing a kerchief. Very good.

T: Wash your hands. 손을 다 씻은 친구들은 손들어 보세요. Please raise your hands if you have washed your hands. Very good.

③ 정해진 조리법에 따라 옥수수 샐러드를 만든다.

T: 자, 이제 요리할 시간이에요. Now, it's time to cook.

아이들과 함께 단계별로 조리하면서 각 재료의 이름과 조리 표현 등을 자연스럽게 익힐 수 있도록 한다.

T: 이제 완성되었네요. 맛있어 보이지 않나요? Doesn't it look delicious?
C: Yes, it does!

마무리 [10분]
① 오늘 배운 단어(재료 이름)를 반복한다.

② 오늘 배운 표현(조리 과정)을 반복한다.

③ 맛있게 먹는다.

🔔 유의사항

① 유아가 모두 고르게 참여할 수 있도록 한다.
② 채소를 다지는 과정이 번잡할 수 있으므로 교사와 함께 한 채소씩 다지도록 한다.

확장활동

맛에 관한 다양한 표현을 배운다.
① 단맛, 짠맛, 신맛, 쓴맛 등을 내는 대표적 음식을 놓고 각 음식의 명칭을 배운다.
② 단맛부터 하나씩 표현을 배운다('It is sweet.' 등).
③ 눈을 가리고 맛을 보고 무엇인지 알아맞혀 본다.

그림책

『Salad on Your Plate』
Honor Head 글 · 그림, Smart Apple Media, 2009

『Eating the Alphabet: Fruits & Vegetables from A to Z』
Lois Ehlert 글 · 그림, Harcourt Big Books, 1994

전개활동

8. 옥수수 관찰

활동 제목   Corn observation

활동 목표

① (과학) 직접 기른 옥수수나무를 살펴보고 관찰해 볼 수 있다.
② (수조작, 언어) 관찰한 내용을 관찰일지에 기록할 수 있다.

언어 목표

① 옥수수의 구조를 표현하는 단어들을 배울 수 있다. height, tall, short, color, count, number, size, big, small, shape, round, thick, thin 등
② 사물의 모양과 색, 크기, 수에 대해 질문하고 대답할 수 있다.

집단 유형   소집단 또는 개별

소요 시간   45분

준비물

줄자, 관찰기록수첩, 색연필, 옥수수 그림

준비사항

① 유아별로 줄자를 준비한다.

② 옥수수의 구조를 익힐 수 있도록 그림 자료 구성판을 준비한다.

③ 옥수수나무의 수를 파악하여 한 개의 옥수수나무당 몇 명의 유아가 모둠을 이루어 관찰일지를 작성할 것인지 미리 모둠을 구성해 놓는다.

활동 진행 순서

도입 [10분]

① 지난 시간 배웠던 줄자 사용법을 복습해 본다.

(교실의 여러 사물을 재 보며 지난 시간에 배웠던 어휘를 상기시켜 본다.)

T: How tall is it?

C1: It is ___ centimeters tall.

T: How long is it?

C2: It is ___ centimeters long.

② 옥수수나무(cornstalk)의 구조와 명칭에 대해 영어로 알아본다.

준비한 펠트지 구성판에 있는 옥수수나무의 구조를 알아보고 직접 나와서 올바르게 펠트지 옥수수 구조를 재구성해 보도록 한다.

T: 옥수수는 여러 부분으로 나누어져 있어요. There are many parts to corn. 선생님을 따라해 보세요. Please, repeat after me. 이건 옥수숫대예요. This is called a 'corncob.'

C: Corncob.

T: 이 부분은 옥수수 수술이라고 불러요. Good, This is called tassel.

C: Tassel.

전개 [25분]

① 관찰일지 사용법에 대해 배워 본다.

교사가 미리 작성해 둔 관찰일지를 예시로 보여 주고, 다른 사물에 대한 관찰일지로 모두 함께 작성해 본다.

T: 우리 함께 의자에 대한 관찰일지를 만들어 볼까요? Let's try to make an observation note on chair together. 무슨 색이죠? What color is it?
C: It's brown.
T: 얼마나 높죠? How tall is it?
C: It's short. It's shorter than me.
T: 의자가 몇 개 있나요? How many chairs do we have?
C: 15 chairs.
T: 맞아요, 의자는 갈색이고 우리보다 키가 작으면서, 모두 15개가 있어요. We have brown chairs, and they are shorter than us and we have total of 15 chairs. 이것들을 선생님처럼 각자의 관찰일지에 적어 보세요. Please write it down on your observation note like I did. (교사가 실제로 큰 게시판에 직접 관찰일지를 작성해 보인다.)

② 관찰일지를 작성하는 시간을 갖는다.

- 모든 유아가 각자 자신의 관찰일지를 작성한다.
- 서너 명의 유아가 하나의 옥수수나무를 잘 관찰할 수 있도록 자리를 지정해 준다.

What does my cornstalk look like?

Name: Date:	Weather: Sunny, Cloudy, Rainy, Windy, Cold, Hot, Warm
How many cornstalks do I see?	
Draw my corn	Trace and Match Cornstalk Tassel Corncob Root
How tall is my cornstalk? Centimeters (cm)	
What color is my corn?	
Cornstalk	
Tassel	
Corncob	

옥수수 관찰일지를 작성하고 있는 유아

185

마무리 [10분]

Corn tassel, Corncob, Cornstalk의 세 모둠으로 나누어 동작 게임을 진행한다.

① 게임에 필요한 모둠별 동작을 정한다.

　T: 자, 이제 세 팀은 자기 팀이 사용할 동작을 만들어 보세요. Now, every team needs to come up with different motion.

② 다음의 챈트를 사용하여 돌아가며 자신의 모둠 이름을 말하고 다른 모둠의 이름을 지명하는 동작 게임을 해 본다.

　T: Corn Tassel, 동작을 보여 주세요. Corn Tassel team, please show us your motion for your team.

🔖 **유의사항**

① 관찰할 사항을 옥수수의 키, 색, 옥수수나무의 수와 같이 제한하여 관찰일지에 너무 많은 내용을 포함하지 않도록 주의한다.
② 관찰일지 작성법을 먼저 다른 사물을 대상으로 보여 주어 익숙해질 수 있도록 한다.

확장활동

모두의 관찰일지를 교실 한쪽 벽에 전시하여 모든 유아가 다른 친구들이 작성한 관찰일지를 볼 수 있도록 한다.

노래

챈트

Corn, Corn, Corn, Cornstalk
Corn, Corn, Corn, Corn tassel
Corn, Corn, Corn, Corncob

그림책

『Jenny and the Cornstalk』
Gare Thompson 글, Lane Yerkes 그림, Steck-Vaughn, 1998

전개활동

9. 옥수수 만들기

🏅 **활동 제목**　Making an enormous corn

🏆 **활동 목표**

① (신체) 대근육을 발달시킨다.

② (수조작) 눈·손의 협응력을 발달시킨다.

③ (수조작) 소근육을 발달시킨다.

④ (예술 경험, 사회성) 친구들과 함께 하나의 옥수수를 만드는 활동으로 협동심을 기른다.

🕐 **언어 목표**

① 낱알(kernel)과 옥수수(corn)의 관계를 알고 바르게 발음할 수 있다.

② 활동에 필요한 지시 표현을 듣고 이해할 수 있다.

③ 1부터 30까지 숫자를 셀 수 있다.

🏵 **집단 유형**　대집단 또는 개별

📖 **소요 시간**　40분

준비물

검은색 바탕에 황토색 색지로 옥수숫대를 가득 채워 만든 2절지 배경판, 옥수수 낱알을 만들 노란색 · 갈색 · 보라색의 접착식 펠트지

준비사항

① 옥수수 낱알을 만들 다양한 색깔의 접착식 펠트지를 한 면이 10cm인 정사각형으로 잘라 놓는다. 그리고 각 정사각형 접착식 펠트지에 지름 5∼7cm의 동그라미를 그려 놓아 유아들이 따라 오릴 수 있도록 한다. 정사각형 접착식 펠트지는 색깔별로 30장(유아 수보다 넉넉하게)씩 준비해 둔다.

② 대형 옥수수가 완성될 때까지 옥수수 낱알이 부족하지 않도록 교사가 미리 옥수수 낱알을 충분히 오려 둔다.

활동 진행 순서

도입 [10분]

지난 시간에 배운 옥수수 열매의 구조에 관하여 상기해 본다.

T: (다 먹은 옥수수 실물을 보여 주며) 친구들, 우리 지난 시간에 옥수수 열매의 구조에 대해서 배웠지요. 이렇게 옥수수 열매의 중심 부분, 알맹이가 빠진 옥수수 열매 부분을 뭐라고 부르지요? What do we call the core of the ear corn?

C: Corncob.

T: Very good. Corncob. (옥수수 알맹이 말린 것을 다 먹은 옥수수에 붙이며) Corncob에 옥수수 알맹이가 여러 개 달려 있지요. 이 옥수수 알맹이를 영어로는 무엇이라고 하나요? What are these in English?

C: Kernels.

T: 아주 좋아요. Excellent. 우리는 이것을 알맹이라고 하지요. We call these kernels. 옥수수 알맹이. Kernels of corn.

　Very good. 친구들, 오늘 선생님이 커다란 옥수숫대, corncob을 가지고 왔어요.

그런데 옥수숫대가 텅 비어 있네요. 먹음직스러운 옥수수가 되려면 이 corncob 에 무엇이 달려 있어야 하나요?

C: Kernels!

T: 맞아요. That's right. 옥수수 알맹이지요. Kernels.

C: 우리가 옥수숫대를 채워 줘요.

T: 좋은 생각이에요. That's a great idea. 선생님도 우리 친구들과 함께 옥수숫대를 채우고 싶었어요. 그런데 이렇게 커다란 옥수숫대인 corncob에 진짜 옥수수 알맹이 kernels를 붙이면 옥수숫대를 채우는 데 시간이 많이 걸리겠어요, 그렇죠? 어떻게 하면 좋을까요? What should we do?

C: 색종이로 오려서 붙여요.

T: 그래요. 선생님이 색지를 나누어 줄 테니 우리 다 함께 힘을 모아서 옥수수 알맹이 kernels를 만든 다음 corncob에 붙여서 하나의 대형 옥수수 enormous corn을 만들기로 해요. 재밌겠지요? Does it sound fun?

C: Yes!

전개 [25분]

① 유아들에게 노란색, 갈색, 보라색의 정사각형 접착식 펠트지를 한 장씩 나누어 준다. 그리고 동그라미 모양의 옥수수 알맹이를 세 개씩 오리도록 한다.

> T: 친구들, 선생님이 여러분에게 세 장의 종이를 나누어 줄 거예요. You are going to have one, two, three pieces of paper. Repeat after me, please. One, two, three pieces of paper.
>
> C: One, two, three pieces of paper.
>
> T: 노란색 종이 yellow paper, 갈색 종이 brown paper, 그리고 보라색 종이 and purple paper.
>
> C: Yellow paper, brown paper, and purple paper. (각 색깔마다 따라하도록 한다.)
>
> T: 각 종이 위에는 동그라미가 그려져 있어요. There is a round-shaped mark on each paper. 그러면 그 모양을 따라서 옥수수 알맹이를 오려 주면 돼요. Please cut the round-shaped kernels out.
>
> T: 그러면 세 개의 옥수수 알맹이가 나오지요. Then you will have three corn kernels. Alright?
>
> C: Yes.

② 모두 완성하면 오린 옥수수 알맹이를 교사가 거둔다. 교사는 옥수수 알맹이를 상자 안에 넣는다.

③ 게임 설명을 듣고, 게임 중에 쓰일 주요 표현을 배운다.

> T: 이제 친구들과 함께 대형 옥수수 enormous corn을 만들어 볼 거예요. 우리 다 함께 만드는 방법을 읽어 볼까요?

Enormous corn 만드는 법

1. 선생님이 이름을 부른 두 친구는 출발선에 서요.
2. 선생님이 두 친구에게 "두 개의 노란 알맹이를 찾아서 대형 옥수숫대에 붙이렴! Find two yellow kernels and attach them to that enormous corncob!" 이라고 이야기를 해요.
3. 선생님이 "준비! 시~작! Ready? Set! Go!" 이라고 외치면 출발해요.
4. 출발선과 enormous corncob 그림판 사이에 있는 상자에서 선생님이 이야기한 색깔의 알맹이를 찾아요.
5. 알맞은 색깔과 개수의 알맹이를 찾으면 대형 옥수숫대 그림판으로 가서 붙여주고 돌아와요.
6. 돌아오면 두 친구는 다시 이야기 매트로 돌아가서 앉아요.

④ 교사가 시범을 보이고 난 후 게임을 한다.

  T: 세 개의 갈색 알맹이를 찾아보세요. Please find three brown kernels. Alright?
  C: Alright.
  T: 준비? 시~작! Ready? Set Go!
  T: 아주 잘했어요. Excellent!

마무리 [5분]

① Enormous corn이 완성되면 옥수수에 몇 개의 알맹이가 있는지 함께 세어 본다.

  T: 이 대형 옥수수에는 몇 개의 알맹이가 있을까요? How many kernels are there on this enormous corn? 우리 함께 세어 보아요. Let's count together!
  T & C: One, two, three……

192

② 어떤 색깔의 kernel들이 있는지 함께 살펴본다.

> T: 이 대형 옥수수에는 어떤 색깔의 알맹이가 있을까요? What colors of kernels are there on this enormous corn? Let's see!
>
> T & C: Yellow. Brown. and Purple.

③ 〈Ten little Kernels〉(〈Ten Little Indians〉 노래에 맞추어 부른다)를 배운다. Enormous corn에 붙어 있는 kernels를 노랫말에 맞추어 하나하나 세면서 부른다.

> One little Two little Three little Kernels,
>
> Four little Five little Six little Kernels,
>
> Seven little Eight little Nine little Kernels,
>
> Ten little Kernels of Corn.

 유의사항

Enormous corn 만들기 활동을 할 때 한 유아가 찾을 수 있는 알맹이의 개수는 최대 서너 개로 제한한다.

193

확장활동

부풀어진 팝콘이나 실제 마른 옥수수 알맹이를 가지고 콜라주 활동을 한다(개별 활동).

노래

Ten little Kernels (〈Ten Little Indians〉 노래에 맞추어 부른다.)

One little Two little Three little Kernels.
Four little Five little Six little Kernels,
Seven little Eight little Nine little Kernels,
Ten little Kernels of Corn.

그림책

『Corn Inside and Out』
Andrew Hipp, Gaudesi Di, Andrea Ricciardi 글 · 그림,
Powerkids Press, 2004

마무리활동
10. 박물관의 구역

🍎 **활동 제목**   Corn museum I

🍯 **활동 목표**

① (예술 경험, 수조작) 소근육을 발달시킨다.

② (언어, 사회성) 친구들과 함께 옥수수 박물관을 준비하면서 협동심을 기른다.

③ (사회성) 지시사항에 따를 수 있다.

🌀 **언어 목표**

① 박물관에 있는 각 구역의 명칭을 듣고 이해할 수 있다.

② '박물관에는 ~ 이 있어요' 라는 표현을 영어로 듣고 이해할 수 있다.

③ 오늘 배운 단어와 표현을 바르게 말할 수 있다.

🎪 **집단 유형**   대집단 또는 소집단

🎖 **소요 시간**   45분

📚 **준비물**

전시관, 기념품 가게, 입구, 출구, 화장실, 매표소에 해당하는 단어카드(박물관의 각 구역이 그림으로 그려져 있고 해당 구역의 영문 이름이 하단 중앙에 적혀 있는 가로 가 긴 A4 크기의 단어카드), 유아가 완성할 영문 구역 카드(가로 25cm, 세로 10cm)

 준비사항

교사가 미리 영문 구역 카드에 영문 글씨를 외곽선으로 표현해 둔다. 그다음 유아들이 색칠을 하거나 그림을 그려 넣어 꾸미도록 한다.

 활동 진행 순서

도입 [5분]

① 옥수수를 주제로 한 주제탐구 표현활동의 마무리활동으로 무엇을 하기로 하였는지 이야기를 나눈다.

T: 친구들, 우리 마무리활동으로 무엇을 하기로 했지요? What have we decided to do for the wrap up activity?

C: 옥수수 박물관을 열기로 했어요.

T: Yes, we have decided to open a corn museum!

② 박물관에 다녀온 경험에 관하여 이야기를 나누고, 그곳에서 무엇을 보았는지 물어보며 대화한다.

T: 박물관에서 무엇을 보았지요? What did you find in a museum?

C: 공룡이요. 그림이요.

T: Right. 공룡, dinosaur, 그림, pictures. 다양한 전시물을 볼 수 있어요. You can find exhibitions. What else? 또 무엇이 있지요?

C: 기념품 가게요.

T: 맞아요. 기념품 가게도 있죠. Very good. We can find gift shops there, too.

전개 [25분]

① 박물관에는 어떤 구역이 있는지 이야기를 나누고 그림카드를 활용하여 해당 영문 표현을 배운다.

> T: 친구들이 이야기한 대로 박물관에는 다양한 구역이 있어요. You can find many sections in the museum. 어떤 구역들이 있는지 다시 정리해 볼까요? What sections are there in the museum?
>
> C: 전시관이요.
>
> T: Very good. (전시관 사진카드를 보여 주며) 박물관에는 exhibition hall, 전시관이 있지요. 멋진 그림, 오래된 왕관 등을 전시해 놓은 방을 전시관이라고 하지요. 영어로는 'exhibition hall' 이라고 해요. Repeat after me, please. Exhibition hall.
>
> C: Exhibition hall.
>
> T: 박물관에는 전시관이 있지요. There is an exhibition hall in the museum.
>
> C: There is an exhibition hall in the museum.
>
> T: 전시관에서는 전시물을 볼 수 있어요. You can see exhibitions in the exhibition hall. Please repeat after me.
>
> C: You can see exhibitions in the exhibition hall.
>
> 같은 방식으로 'there is a gift shop in the museum' 'there is an entrance in the museum' 'there is an exit in the museum' 'there is a bathroom in the museum.' 등을 함께 배운다.

② 우리가 개관하는 옥수수 박물관에 설치할 구역이 더 있는지 알아보고 해당하는 영문 표현을 배운다.

③ 서너 명의 유아들이 모둠을 이루어 각 구역을 알려 주는 구역 카드를 만든다.

> T: Let's make section cards for different sections in a museum. 박물관에 있는 여러 구역을 표시하는 구역 카드를 만들어 보세요.

마무리 [10분]

① 모둠별로 만든 구역 카드를 발표하며 그 구역에서 무엇을 할 수 있는지 이야기한다.

> T: 잘 만들었네요. 이 모둠은 어떤 구역판을 만들었는지 소개해 줄래요? Please introduce us what section card you made.
>
> C: 기념품 가게를 만들었어요. We made a section card for the gift shop. You can buy gifts there.

② 각자 만든 구역 카드를 해당 구역에 한글 카드와 나란히 붙인다.

확장활동

박물관에서 전시할 자신의 작품 명패에도 영문 이름 표기 활동을 한다.

그림책

『Maisy Goes to the Museum』
Lucy Cousins 글 · 그림,
Walker Books, 2009

마무리활동

11. 박물관에서의 대화

활동 제목　Corn museum II

활동 목표

① (언어, 사회성) 다른 사람의 말을 잘 듣고 바르게 이해할 수 있다.
② (언어, 사회성) 상황에 맞는 말을 할 수 있다.

언어 목표

① 박물관에서 일어나는 대화를 듣고 이해할 수 있다.
② 오늘 배운 표현을 바르게 말할 수 있다.
③ 대화의 차례를 지킬 수 있다.

집단 유형　대집단 또는 소집단

소요 시간　35분

준비물

① Exhibition hall/gift shop/entrance/exit/bathroom/ticket office에 해당하는
단어카드(박물관의 각 구역이 그림으로 그려져 있고 해당 구역의 영문 이름이 하단

중앙에 적혀 있는 가로가 긴 A4 크기의 단어카드)

② 손 인형 두 개

③ 박물관의 각 구역을 적은 상황 카드(B5 크기)

④ 상황 카드를 넣을 상자(사각티슈 상자)

 준비사항

미리 'At the entrance' 'At the exhibition hall' 등으로 상황 카드를 만들어 놓고 각각을 두 번 접어서 상자에 넣어 둔다.

 활동 진행 순서

도입 [5분]

① 지난 시간에 배운 박물관의 각 구역에 해당하는 단어와 표현을 반복한다.

② 오늘 배울 내용에 관하여 소개한다.

> T: 오늘은 우리가 박물관에서 나눌 수 있는 대화를 영어로 배울 거예요. Today we are going to learn how to make a conversation in English in the Corn museum.

전개 [20분]

① 사진을 활용하여 박물관 내 각 구역에서 박물관 안내원과 관람객이 나눌 수 있는 대화를 배운다.

> T: (박물관 입구 단어카드를 보여 주며) 입구에서 어떤 대화를 나눌 수 있을까요?
> C: 표를 검사해요!
> T: Very good. 입구에서는 표를 검사하지요. At the entrance, the museum staff checks your ticket. 이제 입구에서 어떤 대화가 오가는지 살펴봐요. Let's see what conversations go on at the entrance.
> T: (두 명의 손 인형으로 역할을 보여 준다.) 먼저 박물관 안내원이 인사를 하면서

표를 보여 달라고 하겠지요?

박물관 입구에서

A: Good morning. Can I see your ticket, please? 안녕하세요. 표를 볼 수 있을 까요?

B: Sure, here it is. 그럼요. 여기 있어요.

A: Please enjoy. 즐겁게 보세요.

B: Thank you. 감사합니다.

T: 자, 그럼 따라해 볼까요? Please repeat after me. Good morning.

(유아는 교사가 하는 말을 따라한다.)

Can I see your ticket, please?

Sure, here it is.

Please enjoy.

Thank you.

같은 형식으로 다른 구역에서의 대화를 진행한다. 내용이 너무 많으면 여러 차시로 나누어 해도 좋다.

At the exhibition hall

A: Excuse me, can I take some pictures here?

B: I am sorry, you can't. / Yes, you can.

Near the bathroom

A: Excuse me, where is the bathroom?

B: It is over there.

At the gift shop

A: How much is this?

B: It is 500 won.

At the exit

A: Good-bye. I hope you enjoyed the exhibition.

B: I did. Thank you.

② 유아 두 명씩 나와서 교사의 지시대로 둘 중 한 명이 상자에서 상황 카드를 뽑는다.

> T: 이제 우리는 둘씩 짝을 지어서 한 명은 박물관 안내원, 다른 한 명은 관람객이 되어서 역할극을 해 볼 거예요. Now we are going to have a role play.
> ○○, Come to the front, please. 앞으로 나오세요.
> Please, draw a piece of paper from the box. 상자에서 종이 하나를 뽑으세요.
> Please, read us what you picked. 우리에게 무엇을 뽑았는지 읽어 주세요.

③ 두 명의 유아가 뽑은 상황에 해당하는 대화를 다시 교사를 따라 연습한다.

④ 둘 중 상황 카드를 뽑지 않은 유아가 먼저 박물관 안내원이 되어 연습한다.

⑤ 연습을 마치면 둘이 역할을 바꾸어 다시 연습한다.

마무리 [10분]
짝꿍 두 명씩 나와서 상자에서 상황 카드를 뽑고 친구들 앞에서 대화를 나눈다. 교사는 유아들이 따라할 수 있도록 대사를 미리 말해 준다.

 확장활동

실제 박물관 장면에서 역할놀이를 하도록 한다.

그림책

『Gaspard and Lisa at the Museum』
Anne Gutman 글, Georg Hallensleben 그림,
Knopf Books for Young Readers, 2001

마무리활동

12. 역할놀이

🌽 **활동 제목**   Corn museum III

🌽 **활동 목표**

① (사회성) 다른 사람과의 관계를 이해할 수 있다.

② (언어) 상황에 맞는 말을 할 수 있다.

🌾 **언어 목표**

① 박물관에서 일어나는 대화를 듣고 이해할 수 있다.

② 배운 표현을 바르게 말할 수 있다.

③ 대화의 차례를 지킬 수 있다.

🌲 **집단 유형**   대집단 또는 소집단

📦 **소요 시간**   40분

🏠 **준비물**

박물관 안내원(staff)과 관람객(visitor)에 해당하는 목걸이(가로 10cm, 세로 15cm 크기의 종이에 Staff와 Visitor라고 각각 적고 코팅한 다음 상단 중앙부를 펀치로 뚫고 털실

50cm를 끼워 목걸이를 만든다.)

 준비사항

① 입구에서 필요한 박물관 입장권을 만드는 활동을 한다.

② 안내원과 관람객에 해당하는 목걸이를 유아 수만큼 만들어 둔다.

 활동 진행 순서

도입 [10분]

① 오늘의 활동은 박물관 안내원과 관람객으로 나누어 대화 연습을 하는 것이라고 소개하고, 박물관 안내원(museum staff)과 관람객(visitors)에 해당하는 영어 표현을 배운다.

    T: 오늘은 박물관 안내원과 관람객으로 역할을 나누어 박물관에서의 대화를 연습할 거예요. 박물관 안내원은 영어로 'museum staff'라고 해요. 따라해 보세요. Repeat after me, please. Museum staff.

    C: Museum staff.

    T: 박물관 안내원, museum staff는 박물관을 관람하러 온 관람객이 궁금한 점이 있으면 대답해 주고 안내해 주는 사람이에요. 관람객은 영어로 'visitors'라고 해요. 따라해 보세요. Repeat after me, please. Visitors.

    C: Visitors.

    T: Very good.

② 지난 시간에 배운 영어 단어와 표현을 반복한다. 교사 대 유아로 박물관 안내원과 관람객의 역할을 분담하고, 대화를 주고받으며 연습한다.

전개 [20분]

① 두 모둠으로 나누어 한 모둠은 박물관 안내원, 다른 모둠은 관람객이 된다. 박

물관 안내원의 경우 각 구역(entrance, exhibition hall, bathroom, gift shop, exit)에 두 명씩 배치한다.

② 유아들은 자신의 역할에 해당하는 목걸이를 착용한다.

③ 관람객은 입구부터 줄을 서서 들어가고, 안내원과 대화를 나눈다.

> T: 관람객은 한 줄로 들어갈 수 있도록 줄을 서세요. Visitors, please make a line to go in. 우리는 입구로 들어가면서 안내원과 대화를 할 거예요. We are going to start having conversations with staffs as we walk into the entrance. 안내원들은 각자의 구역에서 준비를 하세요. Staffs, please be prepared on your sections.

해당 구역에 유아가 찾아가서 역할놀이를 한다. 지난 시간 배웠던 대화를 실제로 사용해 본다.

At the entrance

Staff: Good morning, can I see your ticket, please?

Visitor: Sure, here it is.

Staff: Please enjoy.

Visitor: Thank you.

At the exhibition hall

Staff: Excuse me, can I take some pictures here?

Visitor: I am sorry, you can't. / Yes, you can.

Near the bathroom

Staff: Excuse me, where is the bathroom?

Visitor: It is over there.

At the gift shop

Staff: How much is this?

Visitor: It is 500 won.

At the exit

Staff: Good-bye. I hope you enjoyed the exhibition.

Visitor: I did. Thank you.

④ 두 모둠이 서로 역할을 바꾸어 역할놀이를 진행한다.

T: 이제 역할을 바꾸어 보세요. Switch your roles, please.

옥수수 박물관에서 관객(어린 유아들)을 안내하고 있는 유아

마무리 [10분]

　재미있었던 점을 이야기하고, best staff, best visitor, kind staff, kind visitor, funny staff 등 다양한 시상식을 한다.

> T: 재미있었나요? Did you have fun today?
>
> C: 네! Yes!
>
> T: Very well. 누가 박물관 안내원을 가장 잘했나요? Who was the best museum staff?
>
> C: ○○○!
>
> T: 왜 그렇게 생각해요? Why do you think so?
>
> C: 무척 친절했어요. He(She) was very kind.
>
> T: ○○○, 앞으로 나오세요. ○○○, come out front, please. 선생님이 ○○○에게 최고의 안내원 상을 주겠어요. I present you the best staff award. 모두 박수를 쳐 주세요. Everyone, let's give him(her) a big hand.

 확장활동

① 다른 상황에서 일어날 수 있는 대화를 더 배운다.
② 유아들의 수준에 따라 원하는 관람객에게 일일 영어 안내자가 되어 줄 수 있는 활동을 진행한다.

그림책

『You Can't Take a Balloon into the Metropolitan Museum』
Jacqueline preiss Weitzman 글, Robin Glasser 그림, Puffin, 2001

제6장
만 5세 활동-주제: 가을

1. 주제 선정 이유

　유아가 느끼는 것을 다양한 방법으로 표현해 보면서 주변을 탐구하는 능력을 기르는 것이 주제탐구 표현활동의 주된 목적이다. 유아가 여름에서 가을로의 계절 변화를 느끼고, 경험한 것을 다양한 방법으로 표현하면서 주변을 관찰하는 힘과 자신의 생각과 느낌을 표현하는 방법을 배워 창의적인 자기표현능력을 기르는 것이 중요하다.

　계절은 수 과학, 미술, 신체, 요리, 언어 등 다양한 영역의 활동을 통합할 수 있는 좋은 주제다. 취학을 앞둔 만 5세 유아들이 '가을'이라는 대주제를 중심으로 브레인 스토밍하고 의문점을 모아 탐색하고 싶어 하는 소주제를 모아 보았다. 가을에 나는 과일을 비롯한 열매, 곤충, 꽃, 축제, 나무와 곡식 등 가을과 관련된 내용을 중심으로 자연의 변화와 사회문화적 환경에 대한 지식과 감각을 얻을 수 있도록 하였다.

　유아들이 자발적으로 활동 내용을 결정하고 참여함으로써 자신의 능력을 확인하고, 과정에서 자신감과 성취감을 느낄 수 있다. 또 또래 간 협동 활동을 수행하면서 사회적 능력도 기를 수 있다.

2. 주제망

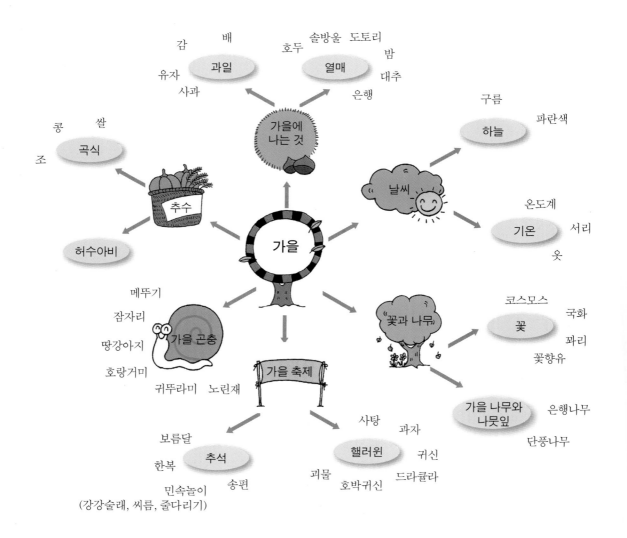

3. 영역 연관 활동망

🎲 수 과학/조작
- 가을과 관련된 주제를 영역별로 유목화하기
- 거미 만들기와 같은 요리 활동을 통해 수에 대해 익히고 모양과 색에 대해 비교해 보고 알아보기

📚 동화 · 챈트 · 동요
- 동화: It's Fall, Why Do Leaves Change Color?, The Night before Thanksgiving, The very busy spider
- 챈트: Autumn, Leaves, Little leaves
- 동요: Autumn Leaves are Falling Down, The Pumpkins on the vine, If you are thankful, We are going on a walk
- 뮤지컬: The Ants and the Grasshopper

🎨 미술
- 계절 나무를 각 계절의 특색에 맞게 꾸며 보기
- 고마움을 표현하는 책 만들기
- 거미 모양 쿠키 만들기
- 산책 중에 느낀 점을 그림으로 표현하기
- 다양한 재료를 사용하여 가을 동산 꾸며 보기
- 뮤지컬 배역에 맞는 마스크 창의적으로 만들어 보기

👄 언어
- 각 계절에 맞는 단어 배우기
- 가을과 관련된 다양한 책 접하기
- 가을 단어 써 보기
- 고마움을 표현하는 어휘 배워 보기
- 사전 찾는 방법 배우기
- 뮤지컬에 필요한 자신의 대사 외우기

💬 이야기 나누기/토의
- 가을에 대한 생각 모으기
- 가을 축제 중 하나인 추석에 대해 이야기 나누기
- 미국의 가을 명절과 한국의 추석 비교해 보기
- 산책 활동 후 느낀 점에 대해 이야기 나누기
- 교실을 어떻게 가을 동산처럼 꾸밀 수 있을지 이야기 나누기

가을

🐷 역할/극놀이
- 개미와 베짱이 뮤지컬을 위해 연습하기
  (뮤지컬 공연을 위한 충분히 넓은 장소 제공)
- 개미와 베짱이 뮤지컬 공연하기

🚌 전시/TPR
- 가을 관련 단어로 유목화하여 만든 주제망 전시하기
- 요리 활동이나 만들기 활동을 통해 교사의 지시에 따라 활동 함께하기

🎵 게임 · 신체표현
- 뮤지컬에서 배역에 맞게 표현해 보고 연기해 보기

4. 활동 전개표

	활동 제목 및 소주제	활동 영역	집단 유형	활동 개요
1	Making a seasonal tree (계절별 나무 꾸미기)	조형 · 어휘 · 문해 · 미술	대집단/ 소집단	각 계절의 특성에 대해 책을 읽고 알아보며 계절별 어휘를 배운다. 네 모둠으로 나누어 교사의 지시에 따라 나뭇잎을 색칠하여 계절 나무를 만들어 본다.
2	Making autumn word cards (가을 관련 어휘)	언어 · 문해 · 미술	대집단/ 개별	가을에 대한 그림책을 읽고 관련 단어를 배운다. 가을 단어를 직접 써 보고 알맞게 꾸며 보는 시간을 갖는다.
3	Making autumn flowchart (주제망 구성)	수조작 · 전시 · 언어	대집단/ 소집단	단어카드를 유목화해서 주제망을 구성한다. 유목화하기 위한 가을 관련 어휘를 배우고 소집단으로 나누어 교실 벽에 준비해 놓은 공간에 단어카드를 영역별로 전시한다.
4	Thank-you book for Thanksgiving (추수감사절과 감사 표현)	언어 · 문해 · 조형 · 사회성	대집단/ 개별	이야기책을 통해 미국의 명절인 추수감사절에 대해 알아보고 우리나라 추석과 비교한다. 추석에 우리가 고마워할 수 있는 것들이 무엇인지 알아보고 표현 어휘를 익힌다. 고마움의 표현을 적은 책을 만들면서 고마운 것들에 대해 쓰고 그림을 그린다.
5	Making a spider cookies (요리)	언어 · 수 · 과학 · 영역 · 음률	대집단/ 개별	거미 모양의 쿠키를 만드는 요리활동을 통해서 사물의 모양, 색깔을 표현하는 말과 숫자 세기를 연습한다. 또한 요리 과정을 나타내는 다양한 표현을 듣고 이해하여 교사의 지시대로 간단한 간식을 만들어 본다.
6	A walk to the park (산책)	자연탐구 · 언어 · 미술	대집단/ 개별	계절의 변화를 느낄 수 있는 시기에 가까운 공원으로 산책을 나가 가을을 나타내는 다양한 자연물을 경험하고 영어 표현을 알아본다. 산책 활동이 끝난 후 유아들이 가장 기억에 남는 점을 그림으로 표현하고 간단한 문장으로 발표한다.

7	Decorating the classroom like an 'Autumn Garden' (정원 꾸미기)	언어 · 사회성 · 미술	소집단	가을의 자연환경을 탐색하고 다양한 어휘를 알아 본 후 유아들이 직접 교실에 가을을 주제로 환경을 구성해 본다. 유아들이 서로 협동하여 교실을 '가을 동산'으로 꾸밀 수 있는 방법을 토론하고 다양한 만들기 재료를 사용하여 교실을 꾸며 본다.
8	Under the spreading chestnut tree (노래와 율동)	언어 · 음률	대집단	다양한 동작을 나타내는 단어를 알아보고 유아들이 잘 알고 있는 〈꿀밤나무 밑에서〉라는 노래를 영어로 개사하여 불러 본다. 동사 카드를 활용하여 게임 형식으로 동사를 바꿔 가며 음률활동을 진행한다.
9	Autumn in my dictionary (사전 찾기)	언어 · 사회성 · 수조작 · 노래	대집단/ 소집단	사전 찾는 법을 알아보아 가을에 대한 주제탐구 표현활동에서 배운 영어 단어를 사전으로 찾아 본다. 소집단 활동을 통해 유아의 협동심을 길러 준다.
10	Autumn musical- The Ants and the Grasshopper I (뮤지컬- 어휘와 배역)	언어 · 문해	대집단	마무리활동인 뮤지컬을 소개하기 전 뮤지컬 〈The Ants and the Grasshopper〉에 등장하는 배역과 단어를 배운 후 이야기책을 읽어 본다. 등장한 역할과 이야기 내용에 대해 함께 이야기를 나누고 뮤지컬 활동으로 전개하기 전 이야기의 구성과 내용을 이해한다.
11	Autumn musical- The Ants and the Grasshopper II (뮤지컬- 가면 만들기)	문해 · 언어 · 조형	대집단/ 개별	각 유아가 맡은 역할의 가면을 만들어 본다. 유아가 맡은 역할의 가면을 직접 색칠하고 자른 후 각 역할의 이름을 직접 써 보는 시간을 갖는다. 창의적으로 가면을 만들어 보고 직접 오려 봄으로써 소근육을 발달시키고 이름을 직접 써 문해능력을 기른다.
12	Autumn musical- The Ants and the Grasshopper III (뮤지컬-리허설)	문해 · 언어 · 음률 · 역할/ 극놀이 · 신체표현 · 사회성	대집단/ 소집단	그룹별로 짧은 장면을 연기 연습하며 함께 노래 부르고 서로의 역할에 주의하며 연기한다. 음률활동과 신체표현활동을 통해 사회성을 높여 주고 올바른 규칙 준수와 관람 태도를 익힌다.

5. 실제 활동

도입활동

1. 계절별 나무 꾸미기

🎯 **활동 제목**   Making a seasonal tree

🎨 **활동 목표**

① (조형, 창작) 계절의 특성에 대해 알아보고 계절에 맞는 나무를 꾸며 볼 수 있다.
② (미술, 소근육) 붓과 물감의 사용을 통해 소근육능력을 기를 수 있다.

🔔 **언어 목표**

① 4계절의 이름을 배운다.
② 교사의 지시를 이해하고 그에 맞는 활동을 따라해 볼 수 있다.

🏅 **집단 유형**   대집단 또는 소집단

🏆 **소요 시간**   40분

준비물

봄·여름·가을·겨울의 나무 그림 자료, 가위, 풀, 글루건(교사가 사용), 여러 가지 나뭇잎(채집), 나뭇가지(채집), 계절 이름 카드, 물감, 붓, 물통

준비사항

① 각 계절의 특성에 대한 그림 자료를 준비한다.

② 교사가 미리 나뭇가지만 있는 세 개의 계절 나무를 벽에 붙여 놓고 유아들을 세 개의 모둠으로 나눈다.

③ 각 계절 나무를 4등분하여 각 나무에 사계절을 알맞게 꾸밀 수 있도록 준비한다.

④ 계절 나무를 꾸밀 수 있는 여러 가지 다양한 재료를 준비한다.

  - 나뭇잎, 나뭇가지와 같이 활동이 이루어지고 있는 계절에 구할 수 있는 재료들을 미리 구해 놓는다.

  - 나뭇잎은 낙엽으로 채집하고, 나뭇가지도 꺾지 말고 떨어진 것으로 준비한다. 갈색 종이를 말아 꾸며도 좋다.

활동 진행 순서

도입 [5분]

① 각 계절별 나무를 보여 주고 계절 어휘를 배운다.

  T: 여기 사계절의 나무 그림이 있어요. Here are four pictures of trees from four different seasons.

  어떤 그림이 겨울 나무인지 누가 말해 볼까요? Who can tell me which tree is from winter season?

  Laura가 겨울 나무를 맞혀 볼까요? Laura, can you please tell me which tree picture is for winter?

이 그림은 어떤 계절 그림일까요? What season do you think it is?

C: It's winter(or summer, autumn, spring).

② TPR 수업에 필요한 용어와 지시문을 다음의 챈트를 사용해서 수업 시작 전에
배워 본다.

T: 자, 오늘 계절 나무를 만들 때 필요한 동작을 함께 배워 봐요. Now, let's learn a
chant we can use to make season trees today.

선생님이 하는 말과 행동을 잘 보고 따라해 보세요. Please look at what I say
and do very carefully and try to follow me.

챈트

1. Pick up, pick up, pick up the brush. (붓을 들어 올리는 동작)
2. Dip, dip, dip into paint. (붓에 물감을 묻히는 동작)
3. Paint, paint, paint the leaf. (한쪽 손에 물감을 칠하는 동작)
4. Print, print, print on the paper. (나머지 손에 물감을 묻혔던 손을 겹치는 동작)
5. Cut, cut, cut out the paper leaf. (두 손가락으로 가위질하는 동작)
6. Glue, glue, glue the paper leaf. (한 손바닥에 풀을 칠하는 동작)

전개 [30분]

TPR: Making Summer and Autumn seasonal tree leaves

여름과 가을 나무를 꾸미기 위해 교사의 지시에 맞게 나뭇잎을 꾸며 본다.

T: 지금부터 가을 나무를 꾸밀 나뭇잎을 만들어 볼 거예요. Now, we will be
making the leaves to decorate the Autumn tree.

선생님이 하는 말을 잘 듣고 따라해 보세요. Listen carefully to what I say and
try to follow my instruction.

- please pick up the brush.
- Dip into yellow(or orange) paint, please.
- Please paint the leaf.
- Print the leaf on the paper, please.
- Cut out the paper leaf, please.
- Please. glue the paper leaf on Autumn tree.

Repeat for Summer tree leaves with green paint.

마무리 [5분]

Counting Activity(Math): 각 팀의 나무에 몇 개의 나뭇잎이 있는지 세어 본다.

T: Let's count how many leaves we have on our Summer tree.
Let's count how many leaves we have on our Autumn tree.

확장활동

겨울과 봄 나무도 꾸며 보는 시간을 갖는다.

노래

운율과 동작을 넣어 TPR의 지시문을 챈트로 구성해 본다.

Pick up, pick up, pick up the brush (붓을 들어 올리는 동작)
Dip, dip, dip into paint (붓에 물감을 묻히는 동작)
Paint, paint, paint the leaf (한쪽 손에 물감을 칠하는 동작)
Print, print, print on the paper (나머지 손에 물감을 묻혔던 손을 겹치는 동작)
Cut, cut, cut out the paper leaf (두 손가락으로 가위질하는 동작)
Glue, glue, glue the paper leaf (한 손바닥에 풀을 칠하는 동작)

그림책

『Why Do Leaves Change Color?』
Betsy Maestro 글, Loretta Krupinski 그림,
HarperCollins, 1994

도입활동

2. 가을 관련 어휘

🎯 **활동 제목**   Making autumn word cards

🎯 **활동 목표**

① (언어) 가을과 관련된 그림책을 읽고 가을과 관련된 단어에 대해 이야기해 본다.
② (언어) 가을과 관련된 단어를 카드로 만들 수 있다.
③ (전시, 미술) 가을 단어카드를 창의적으로 꾸밀 수 있다.

🎯 **언어 목표**

① 가을과 관련된 단어를 배운다.
② 가을과 관련된 단어를 직접 카드에 쓸 수 있다.

   (Thanksgiving, full moon, scarecrow, grasshopper, dragonfly, ginkgo tree, cosmos, maple tree, apple, pumpkin, halloween, acorn 등)

🎯 **집단 유형**   대집단 또는 개별

🎯 **소요 시간**   40분

준비물

① 가을과 관련된 그림카드, 단어를 쓸 카드, 색연필, 칠판, 마커
② 『It's Fall』(Linda Glaser 글 · 그림, Millbrook Press, 2001)

 준비사항

① 지난 시간 생각 모으기에서 나온 단어를 예시로 하여 영어로 미리 단어카드를 만들어 놓는다.
② 그림책에서 나온 중요한 단어도 단어카드로 만들어 놓는다.

 활동 진행 순서

도입 [10분]

① 가을과 관련된 영어 그림책을 함께 읽어 본다. (예를 들면, 『It's Fall』)

T: Today, we are going to read a book called 'It's Fall.' Fall has same meaning as Autumn. 가을은 영어로 Autumn이라고 하지만 Fall도 가을을 뜻해요.

② 미리 준비해 온 영어 그림책에 나오는 단어카드를 칠판에 하나씩 붙이면서 유아가 한 명씩 나와 그림책에서 단어가 의미하는 그림을 찾아볼 수 있도록 한다.

T: Where do we see a red leaf in this book? Let's show it to everyone.

③ 가을과 관련된 다른 단어들이 또 어떤 것이 있는지 물어보고 준비한 그림 자료와 단어를 배워 본다.

222

T: What else can we see in Autumn?

 What do we do in Autumn?

 What do we eat in Autumn?

④ 준비해 온 단어카드에 유아들이 말한 단어가 없으면 칠판에 그림과 함께 써 놓는다.

전개 [25분]

단어카드 만들기

T: We will be making word cards for all the things we talked about Autumn today. Look at what I have made earlier. 오늘은 가을에 대한 단어카드를 만들어 보아요.

교사가 미리 만들어 놓은 단어카드를 하나 보여 준다. 단어카드는 영어 단어와 그 단어가 의미하는 그림이 함께 그려져 있다.

T: First, please come out and pick two words. 카드 두 장을 뽑아 보세요.

교사가 상자에 미리 단어가 써 있는 종이를 넣어 두고 나와서 두 장씩 뽑게 한다.

T: 모두 두 장씩 가졌나요? Does everyone have two words now? Please show them to me.

모두가 손을 들어 두 장씩 가지고 있는 것을 확인한다.

T: Now, I am going to hand out blank cards like this to you.

빈 단어카드를 두 장씩 나누어 준다.

T: Please copy your words on the blank cards like I did. 빈 카드에 가지고 있는 단어를 따라서 써 보세요.

유아가 단어카드에 글을 쓸 시간을 주고 5~10분 정도 기다린다.

T: Now, let's draw picture for the words with color pencils. 단어의 뜻에 맞는 그림을 그려 보세요.

마무리 [5분]

모두가 만든 카드를 모아 직접 만든 카드를 함께 읽어 보고 교사가 표현하는 것과 일치하는 카드를 맞혀 보는 게임을 한다.

T: 이것은 Tom이 만든 카드네요. 함께 읽어 볼까요? This is Tom's card. Let's read it all together.
(교사가 팔을 올려 둥근 원을 만들며) 이것은 둥글고, 노란색이에요. This is round and yellow. 밤 하늘 위에 있어요. We can see it on the sky at night. 지금 선생님이 표현하는 것을 그린 친구는 앞으로 나와 보세요. Please come up to the front with your card if you have this card.

 유의사항

① 단어카드에 글을 쓸 때 잘 보이는 색의 마커 등으로 쓰도록 지도한다. 그림을 그렸을 경우 글이 잘 보이지 않을 수 있기 때문이다.
② 그림 자료가 준비되지 않은 단어의 경우 그림으로 그려서 눈에 보이는 예를 제공한다.

 확장활동

① 그림카드와 단어카드를 섞어 뒤집어 배열해 놓은 후 모둠을 나누어 기억력 게임을 할 수 있다.
② 그림카드와 단어카드를 섞어서 교실에 비치해 놓고 자유놀이시간에 자발적인 놀이로 이어질 수 있도록 한다.

그림책

Autumn Leaves are Falling Down (《London Bridge》 노래에 맞추어 부른다.)

Autumn leaves are falling down,
Falling down, falling down.
Autumn leaves are falling down,
Down down on the ground.
(서서 팔을 머리 위로 높이 들고 손가락을 흔들며 움직이다가 나뭇잎이 떨어지는 것처럼 최대한 낮게 웅크리고 앉는다.)

Rake them up and make a pile,
Make a pile, make a pile.
Rake them up and make a pile,
(다시 일어서서 손으로 갈퀴 모양을 만들어 나뭇잎을 긁어모으는 동작을 한다.)
Guaranteed to make you smile.
(입꼬리 옆으로 손가락을 가져가 미소짓는 표정을 한다.)

Jump into the pile of leaves,
Pile of leaves, pile of leaves.
Jump into the pile of leaves,
(나뭇잎 위에서 점프하는 동작을 한다.)

Taking turns if you please.
(점프 동작을 멈추고 큰 소리로 〈Taking turns if you please〉를 부른다.)

Put a leaf in a book,
In a book, in a book.
Put a leaf in a book,
(허리를 구부려 나뭇잎을 줍는 동작을 한 후 책 사이에 넣고 책을 덮는 것과 같이 손뼉을 친다.)
In a few months take a look.

Autumn leaves are falling down,
Falling down, falling down.
Autumn leaves are falling down,
Down, down on the ground.
(서서 팔을 머리 위로 높이 들고 손가락을 흔들며 움직이다가 나뭇잎이 떨어지는 것처럼 최대한 낮게 웅크리고 앉는다.)

 그림책

『Leaf Man』
Lois Ehlert 글 · 그림,
Harcourt Children's Books, 2005

도입활동

3. 주제망 구성

🎭 **활동 제목**   Making an autumn flowchart

🎭 **활동 목표**

① (수ㆍ과학) 지난 시간에 만든 가을에 관한 영어 단어카드를 영역별로 유목화할 수 있다.

② (언어) 가을에 대한 단어로 주제망을 구성할 수 있다.

③ (조형, 사회성) 주제망을 구성해 친구들과 함께 전시할 수 있다.

🎭 **언어 목표**

① 가을과 관련된 다양한 어휘를 학습한다. 예를 들면, Things we see in autumn, Things we eat in autumn, Things we do in autumn, Sounds we hear in autumn

② 각 영역에 알맞은 단어를 구분지을 수 있다.

🎭 **집단 유형**   대집단 또는 소집단

🎭 **소요 시간**   40분

준비물

풀, 칠판, 사전에 만든 단어카드

 준비사항

가운데 'autumn' 이 있고 주변에 'see, eat, do, hear' 가 적힌 주제망을 벽에 붙여서 준비한다.

 활동 진행 순서

도입 [10분]

① 가을에 볼 수 있는 것, 가을에 먹는 것, 가을에 하는 것, 가을에 들을 수 있는 소리에 대해 이야기를 나눈다.

> T: What can we see in autumn?
> What do we eat in autumn?
> What do we do in autumn?
> What can we hear in autumn?

② 비어 있는 주제망을 보며 네 영역을 소개한다.

> T: 여기는 가을에 볼 수 있는 것들을 쓸 거예요. In here, we will be writing down things we see in autumn.

전개 [20분]

① 먼저 만들어 둔 가을과 관련된 단어카드를 유아와 함께 '볼 수 있는 것, 먹는 것, 하는 것, 들을 수 있는 소리' 로 분류한다.

> – Things we see in autumn
> – Things we eat in autumn

- Things we do in autumn
- Sounds we hear in autumn

② 유아를 앞의 구분대로 4개의 모둠으로 나누어 미리 벽에 붙여 놓은 주제망 자리에 각 모둠별 단어카드를 붙여 주제망을 완성한다.

T: Let's post our autumn cards on our flowchart.

마무리 [10분]

완성된 주제망을 보며 각 영역에 맞는 단어인지, 교사가 질문하고 유아가 대답하면서 배운 내용을 상기해 본다.

T: Can we hear a cricket singing in autumn?
C: Yes, we can.
T: Can we eat a yellow maple leaf in autumn?
C: No, we can't. We can see yellow maple leaf in autumn.

확장활동

봄, 여름, 겨울과 같이 다른 계절에 대한 주제망도 구성해 볼 수 있다.

노래

The apples in the tree (⟨The Farmer in the Dell⟩ 노래에 맞추어 부른다.)

The apples in the tree,
The apples in the tree,
Growing in the autumn field,
The apples in the tree.

We start out from seed,
We start out from seed,
Growing in the autumn field,
We start out from seed.

At first we are all small,
At first we are all small,

Growing in the autumn field,
At first we are all small.

We are sour when we are green,
We are sour when we are green,
Growing in the autumn field,
We are sour when we are green.

We are sweet when we are red,
We are sweet when we are red,
Growing in the autumn field,
We are sweet when we are red.

그림책

『Look What I did with a Leaf』
Morteza E. Sohi 글 · 그림,
Walker Books for Young Readers, 1995

230

전개활동

4. 추수감사절과 감사 표현

활동 제목   Thank-you book for Thanksgiving

활동 목표

① (언어) 미국의 추석에 해당하는 추수감사절에 대한 그림책을 함께 읽어 본 후 우리나라 추석과 미국의 추석을 비교할 수 있다.

② (사회성) 고마움을 표현하는 방법을 배운다.

③ (소근육, 미술) 책 만들기 활동을 통해 소근육능력을 발달시킨다.

언어 목표

① 추수감사절과 관련된 단어를 배운다.

② 고마움을 표현하는 어휘를 배운다.

   I am thankful for _____.

집단 유형   대집단 또는 개별

소요 시간   40분

 준비물

① 빈 종이, 색연필, 가위, 풀, 잡지, 추수감사절 관련 단어카드
② 『Thanks for Thanksgiving』(Julie Markes 글, Doris Barrette 그림, HarperCollins, 2008)

 준비사항

교사가 만든 'Thank-you book'을 준비해 예시로 보여 준다.

 활동 진행 순서

도입 [10분]

① 『Thanks for Thanksgiving』을 함께 읽는다.

② 우리나라의 추석과 이야기책에서 읽은 추수감사절에는 각각 어떤 일을 하는지 이야기를 나눈다.

> T: What did you do in Chusuk?
>
> What did you eat in Chusuk?
>
> What did he do in Thanksgiving in the storybook?
>
> What did he eat in Thanksgiving in the storybook?

③ 이야기책에서 나왔던 내용 중 주인공이 무엇을 고마워했는지 이야기해 본다.

> T: What was he thankful for? 주인공이 어떤 것을 고마워했지요?
>
> Why was he thankful? 왜 고마웠나요?
>
> When was he thankful? 언제 고마워했나요?

전개 [20분]

① 유아에게 빈 종이를 나누어 주고 이름을 쓰게 한다.

   T: 나누어 준 종이에 이름을 쓰세요. Please write your name on the paper.

② 칠판에 모두가 볼 수 있게 'I am thankful for _____.' 를 써 놓는다.

③ 유아에게 칠판의 문구를 나누어 준 종이 첫 장에 따라 쓰게 한다.

   T: 칠판에 써 있는 대로 따라 적어 보세요. Please copy this sentence on the paper.

④ 탁자마다 잡지와 색연필, 풀, 가위를 나누어 주고 자신이 고마움을 느끼는 것 다섯 가지 정도를 오리거나 그려 넣도록 한다.

   T: 잡지에서 고마움을 느끼는 것 다섯 가지를 고르세요. Please choose five things you are thankful for from the magazine.

    가위로 오려서 종이에 풀로 붙여 보세요. Cut them out with scissors and glue it on your paper.

    고마움을 느끼는 것들을 그려 넣어도 좋아요. You can draw what you are thankful for.

마무리 [10분]

앞에 나와서 자신이 고마움을 느끼는 것이 무엇인지 발표하는 시간을 갖는다.

 확장활동

부모님께 고마움을 표현하는 그림편지를 써 볼 수 있다.

노래

If You Are Thankful (《If you're happy》노래에 맞추어 부른다.)

If you're thankful and you know it clap your hands.
If you're thankful and you know it clap your hands.
If you're thankful and you know it, then your face will surely show it.
If you're thankful and you know it clap your hands.
('clap your hands' 대신에 'stamp your fee, tap your head, turn around, shout hooray'를 넣을 수 있다.)

Turkey Dinner Dance

CHORUS

Let's do the Turkey Dinner Dance,
Come on, come on let's go.
Join right in and follow me,
You can do it fast or slow!

Turkey to the left, cha cha cha
Turkey to the right, cha cha cha
Turkey up and turkey down,
Turkey all around!

CHORUS

Stirring gravy to the left, cha cha cha
Stirring gravy to the right, cha cha cha
Stirring gravy up and down,
Stirring gravy all around!

CHORUS

Mashed potatoes to the left, cha cha cha
Mashed potatoes to the right, cha cha cha
Mashed potatoes up and down,
Mashed potatoes all around!

CHORUS

Pumpkin pie to the left, cha cha cha
Pumpkin pie to the right, cha cha cha
Pumpkin pie up and down,
Pumpkin pie all around!

CHORUS

[음악 출처] http://www.songsforteaching.com/thanksgivingsongs/turkeytrot.htm

 그림책

『The Night Before Thanksgiving』
Natasha Wing 글, Tammie Lyon 그림,
Grosset & Dunlap, 2001

235

5. 요 리

🏷️ **활동 제목**   Making a spider cookie

🎯 **활동 목표**

① (언어) 요리 활동을 통해서 다양한 영어 표현을 익힌다.
② (신체) 요리 활동을 통해서 눈과 손의 협응 능력 및 소근육 발달을 돕는다.
③ (음악) 노래를 사용한 활동으로 유아들의 과제 집중력을 높인다.

🔦 **언어 목표**

① 교사의 지시문을 듣고 이해하며 지시한 대로 행동할 수 있다.
② 요리 도구 및 재료의 이름을 영어로 말할 수 있다.
③ 모양, 색깔, 숫자를 영어로 말할 수 있다.
④ 'in half, on, back together' 등의 표현을 익힐 수 있다.
⑤ 음식 맛을 영어로 표현할 수 있다.

🏅 **집단 유형**   대집단 또는 개별

⏱️ **소요 시간**   50분

준비물

단계별 요리 과정 그림 자료, 가운데에 크림이 들어 있는 동그란 크래커, 크림치즈, 막대과자, 건포도, 숟가락, 개인 접시

준비사항

① 유아들의 수에 맞추어 거미 쿠키의 재료를 준비한다.
② 거미 쿠키의 요리 과정을 한 단계씩 보여 주는 그림 자료를 준비한다.

 **활동 진행 순서**

도입 [15분]

① 유아들과 요리 활동을 시작하기 전에 모두 깨끗이 손을 씻도록 한다.

> T: 요리를 하기 전에 제일 먼저 해야 할 일이 무엇일까요? What should we do before we start cooking?
> C: 손을 씻어요.
> T: That's right. 제일 먼저 손을 씻어야 해요. You should wash your hands first. 친구들 모두 손을 깨끗이 씻고 오세요. Please wash your hands now.

② 손 씻기가 끝나면 거미 쿠키를 만들 때 사용할 재료를 살펴본다. 재료를 하나씩 보여 주면서 이름을 알아보고 각 재료의 모양과 색깔, 개수를 영어로 말해 본다. (Round crackers, Cream cheese, Pretzel sticks, Raisins)

> T: We are going to be making spider cookies today. 오늘은 'spider cookie'를 만들어 볼 거예요. What is a spider in Korean? 'spider'가 무엇이죠?
> C: 거미요!
> T: Right. 거미를 'spider'라고 말해요. 다같이 따라해 볼까요? Please repeat after me. Spider.

C: Spider.

T: 이제 'spider dookie'를 만들 건데 어떤 재료가 필요한지 선생님이랑 같이 살펴봐요. Let's see what ingredients we need for spider cookie. 첫 번째 재료는 이거예요. (아이들에게 재료를 보여 준다.) What is it?

C: 과자요!

T: Yes. 동그란 과자예요. They are round crackers. 선생님과 동그란 과자 이름을 말해 봐요. Round crackers.

C: Round crackers.

T: Very good. 여기에 round cracker가 몇 개 있을까요? How many round crackers are there? 친구들이 세어 주세요. Let's count. One …….

C: One, two, three, four, five, six, seven, eight, nine, ten.

T: 10개가 있군요. There are ten round crackers.

전개 [20분]

① 재료 소개가 끝나면 요리법을 단계별로 보여 주는 그림 자료를 사용하여 순서 대로 쿠키 만드는 방법을 알아본다. 주요 표현을 익히고 교사의 지시를 잘 듣고 이해할 수 있도록 연습한다. 교사가 지시문을 읽을 때는 동작과 함께 천천히 반복하여 말한다. 지시문에 쉬운 멜로디를 붙여서 노래를 부르며 활동을 할 수도 있다.

T: 첫 번째 그림을 보면 동그란 과자, 'round cracker'를 반으로 나누고 있어요. 친구들도 선생님처럼 과자를 반으로 나누는 것처럼 해 볼까요? Let's break a round cracker in half. (교사가 과자를 반으로 나누는 손동작을 보여 준다. 부수는 것이 아니라 두 개씩 붙어 있는 샌드위치 형태 과자를 비틀면서 분리한다.) 그때는 이런 노래를 불러요. We sing like this. Break a round cracker in half!

C: (교사의 손동작을 따라하며 노래를 부른다.) Break a round cracker in half!

T: 두 번째 그림에는 과자에 크림치즈를 발라요. 친구들도 선생님처럼 손바닥을 펴고 크림치즈를 바르는 것처럼 해 볼까요? (손동작을 보여 준다.) We sing like this. Spread cream cheese on the cracker, on the cracker, on the cracker~.

238

C: (교사의 손동작을 따라하며 노래를 부른다.) Spread cream cheese on the cracker, on the cracker!

T: 세 번째는 기다란 막대과자로 거미 다리를 만들어요. 거미 다리 모양을 하면서 이런 노래를 불러요. Add pretzel sticks on the cheese!

C: Add pretzel sticks on the cheese, on the cheese!

T: 네 번째는 방금 반으로 나눈 동그란 과자를 다시 붙여요. We sing like this. Put other cracker back together, back together, back together!

C: Put other cracker back together, back together!

T: 다섯 번째는 거미 쿠키의 눈을 만들 거예요. 이렇게 cracker에 icing 두 방울을 떨어뜨려요. Put two drops of icing on the cracker. 그리고 건포도를 두 개 붙이세요. Attach two raisins. We sing like this. (눈을 가리키는 손동작을 하며) Attach two raisins for eyes, raisins for eyes, raisins for eyes!

C: Attach two raisins for eyes!

② 손동작과 노래로 요리법을 단계별로 익히는 활동이 끝나면 교사는 유아들에게 요리 재료를 나누어 주고, 유아들은 교사의 지시를 잘 듣고 거미 쿠키를 직접 만들어 본다.

T: 이제 거미 쿠키를 만들어 볼 거예요. Now we are going to make spider cookies. 선생님이 하는 말을 잘 듣고, please listen carefully, 배운 노래를 같이 부르면서 쿠키를 만들어 봐요. let's make spider cookies singing the songs we learned. 먼저 round cracker를 반으로 나누세요. First, get a round cracker and break it in half. (노래를 부르며) Break a round crackers in half!

C: (노래를 부르며 지시대로 쿠키를 만든다.) Break a round cracker in half, cracker in half, cracker in half!

T: 이제, cream cheese를 바르세요. Now, please spread cream cheese on top of one cracker. (교사가 지시문을 읽으며 크림치즈를 바르는 시범을 보인다.) Let's sing together.

C: (노래를 부르며) Spread cream cheese on the cracker, on the cracker, on the cracker!

T: 이제 거미 다리를 만들 차례예요. 막대과자를 치즈 위에 놓고 다리를 만들어요. Add pretzel sticks on top of cheese for legs. Are you ready to sing and cook?

C: Yes! (노래를 부르며) Add pretzel sticks on the cheese, on the cheese, on the cheese. Add pretzel sticks on the cheese, on the cheese!

T: Very good! 거미 다리를 다 놓았으면, When you put your legs on the spider, 다른 cracker를 원래대로 붙이세요. Put other cracker back together.

C: (노래를 부르며) Put other cracker back together, back together, back together. Put other cracker back together, back together!

T: 이제 거미 눈을 만들어요. Put two drops of white icing on top of cracker. And attach two raisins for eyes.

C: (노래를 부르며) Attach two raisins for eyes, raisins for eyes, raisins for eyes! Attach two raisins for eyes, raisins for eyes!

T: 이제 spider cookie가 완성됐어요! 모두 잘했어요! Good job everyone!
완성된 거미 쿠키는 접시 위에 올려놓으세요. Put your spider cookie on your plate.

모둠별로 요리 활동을 하고 있는 유아들

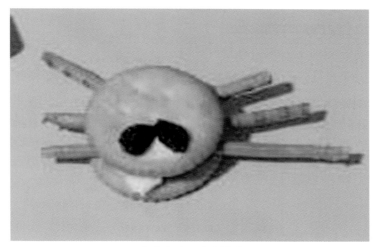

유아가 만든 거미 쿠키

마무리 [5분]

① 요리 활동이 끝나면 지난 시간에 배운 〈Itsy Bitsy Spider〉 노래를 부르며 재료
와 요리 도구 등을 정리한다.

 T: 우리가 거미 쿠키를 먹기 전에 탁자를 먼저 정리할 거예요. We are going to
 clean up the table. 친구들이 잘 부르는 거미 노래 〈Itsy Bitsy Spider〉를 부르는
 동안 정리를 다 하는 거예요.
 C: (노래를 부르며 정리한다.) Itsy bitsy spider went up the water spout.

② 정리를 마치고 모두 모여 각자 만든 거미 쿠키를 보여 주고 맛있게 먹는다. 거
미 쿠키의 맛이 어떤지 영어로 말해 본다.

 T: 맛있어요? Is it yummy/delicious?
 C: Yes. It is yummy/delicious.

유의사항

① 요리 활동 전에 규칙을 미리 알려 준다.

② 유아들이 지시문을 잘 이해할 수 있도록 재료와 요리 방법에 대한 표현을 미리 소개한다.

③ 유아가 지시에 따라 요리를 할 때 따라하기 쉽도록 교사도 지시에 맞는 동작을 한다.

④ 요리 활동 시 위생적으로 활동할 수 있도록 주의한다.

확장활동

① 밀가루 반죽에 모양틀을 사용하여 여러 가지 동물 모양의 쿠키를 만들어 볼 수 있다.
② 가을 축제 중 하나인 핼러윈 파티를 유아들과 함께 준비하고 다른 나라의 문화와 풍습을 경험해 볼 수 있다.

협동해서 교실을 꾸미고 핼러윈 분장을 한 유아들

노래

Itsy Bitsy Spider

Itsy bitsy spider went up the water spout
Down came the rain and washed the spider out
Out came the sun and dried up all the rain

Now the itsy bitsy spider went up the spout again

Spider Cookie Song
Spider Cookie를 만드는 과정(5단계)을 영어 동요 〈London Bridge〉에 맞추어 반복하여
부른다.

1. Break a round cracker in half,
   Cracker in half, cracker in half,
   Break a round cracker in half, cracker in half.

2. Spread cream cheese on the cracker,
   On the cracker, on the cracker,
   Spread cream cheese on the cracker, on the cracker.

3. Add pretzel sticks on the cheese,
   On the cheese, on the cheese,
   Add pretzel sticks on the cheese, on the cheese.

4. Put other cracker back together,
   Back together, back together,
   Put other cracker back together, back together.

5. Attach two raisins for eyes,
   Raisins for eyes, raisins for eyes,
   Attach two raisins for eyes, raisins for eyes.

그림책

『The Very Busy Spider』
Eric Carle 글 · 그림, JYBooks, 2009

『Arachne the spider woman』
Saviour Pirotta 글, Jan Lewis 그림,
문진미디어, 2008

『The Itsy Bitsy Spider』
문진미디어 편집부 글 · 그림,
문진미디어, 2002

『Spider, Spider』
Joy Cowley, Michelle Stuart 글 · 그림,
Compass Media, 2009

전개활동

6. 산 책

활동 제목   A walk to the park

활동 목표

① (신체) 산책 활동을 통해서 대근육운동을 한다.

② (과학적 탐구) 자연환경을 탐색하고 표현하는 과정에서 관찰력과 표현력을 기를 수 있다.

언어 목표

① 자연물을 나타내는 다양한 어휘를 익힌다.

② 모양과 색깔을 나타내는 어휘를 익힌다.

집단 유형   대집단 또는 개별

소요 시간   40분

준비물

이름표, 구급약, 비닐봉투, 사진기, 도화지, 크레파스, 색연필

준비사항

① 산책 시 주의사항을 유아들과 미리 이야기한다.

② 실외활동을 할 때 발생할 수 있는 일들(예를 들면, 안전사고)을 예측하고 사전에 필요한 물품을 준비한다.

③ 사전에 산책길에 부를 수 있는 영어 노래를 배울 수도 있다.

활동 진행 순서

도입 [5분]

① 공원에서 볼 수 있는 것에 대해서 이야기를 나눈다.

> T: 공원에서 무엇을 볼 수 있을까요? What would we see in the park?
>
> C: Flower! Grass! Trees! Twigs! Leaves! Acorns! Pinecones! Dragonfly! Sky! Cloud!

② 출발하기 전 산책 시 지켜야 할 내용을 이야기한다. 교사가 동작을 보이면서 약속할 내용을 말하고 유아들이 따라하도록 한다(산책 약속은 교사가 필요한 사항을 넣어서 만들 수 있다.).

> T: 산책을 갈 때 친구들이 지켜야 할 다섯 가지 약속이 있어요. There are five rules to remember. 선생님을 따라해 보세요. Please repeat after me.
> 첫 번째, 겉옷을 입어요. One, please put your coat on.
>
> C: One, please put your coat on.
>
> T: 두 번째, 짝과 함께 손을 잡고 가요. Two, please find your partner and hold hands.
>
> C: Two, please find your partner and hold hands.
>
> T: 세 번째, 줄을 서요. Three, please line up.
>
> C: Three, please line up.
>
> T: 네 번째, 뛰지 않고 걸어가요. Four, please walk slowly.

C: Four, please walk slowly.

T: 다섯 번째, 꽃을 꺾지 않아요. Five, please don't pick flowers.

C: Five, please don't pick flowers.

전개 [20분]

① 유아들과 함께 걸어갈 수 있는 가까운 공원으로 산책을 간다. 산책과 관련된 영어 노래를 부르며 걸을 수 있다(〈We're going on a walk〉〈Walking walking〉 등).

T: 노래를 부르면서 걸어가요! Let's sing a song! 무슨 노래부터 부를까요? What song do you want to sing first?

C: Walking walking이요!

T: OK. Ready?

C: (노래) Walking walking walking walking 〜.

공원으로 산책을 가는 유아들

248

② 산책길에 볼 수 있다고 생각한 것을 실제로 보게 되면 유아들과 함께 오감을
사용하여 탐색하고 이야기를 나눈다(교사는 산책길에서 본 것을 사진으로 찍어
사후 활동에 사용할 수 있다. 유아들이 산책길에서 자연물을 수집할 수도 있다.).

T: 여기 돌 밑에 뭐가 있지요? What can you see under the stone?
C: Leaf!
T: Yes. 나뭇잎이 보이네요. I can see a leaf.
C: I can see a leaf!
T: 이 나뭇잎은 무슨 색이지요? What color is this leaf?
C: 빨간색이요.
T: Yes. 빨간색이에요. It is red.
C: It is red!
T: 정말 예쁘다! It is beautiful, isn't it? 예쁘죠?
C: Yes. It is beautiful.
T: 또 빨간 나뭇잎이 어디 있는지 찾아보세요. Let's find another red leaf!

잠자리를 관찰하는 유아들

코스모스를 관찰하는 유아

낙엽과 나뭇가지를 탐색하는 유아

마무리 [5분]

① 유아들과 모여서 여러 가지 가을 관련 챈트와 노래를 불러 본다.

T: 동그랗게 앉으세요. Please sit in a circle.

　이제 선생님이 손가락 놀이를 알려 줄 거예요. Now we are going to play a fingerplay. (예를 들면, autumn, leaves, little leaves, twirling leaves 등)

T: 이제 노래를 불러 봐요. Let's sing a song now. What do you want to sing first?

C: Little leaves.

T: OK. Let's sing little leaves all together.

　친구들, 율동도 기억나요? Do you remember the dance for this song?

C: Yes!

T: Good. 그럼 율동도 하면서 노래 불러요. Ready, set, go!

C: One little, two little, three little leaves~.

② 산책을 하고 돌아와 산책길에서 본 것이나 가장 재미있었던 일을 그림으로 그려 본다.

T: 친구들이 오늘 산책길에서 기억나는 것을 그려 보세요. Let's draw a picture of today's walk. 선생님이 먼저 종이를 한 장씩 나누어 줄 거예요. First, I am going to hand out blank paper to you. 종이를 받은 친구는 크레용이나 색연필을

산책길에서 본 것을 그림으로 표현하는 유아들

가져와서 그림을 그리세요. Please get your crayon or color pencils and start to draw your picture.

③ 유아들이 돌아가면서 자신이 그린 그림을 친구들 앞에서 발표하고 무엇이 가장 기억에 남는지 이야기해 본다.

T: 친구들에게 그림을 보여 주고 싶은 친구 있어요? Who wants to show your picture? 발표하고 싶은 친구는 손을 드세요. Please raise your hand. (손을 든 유아를 지목하고) 그림을 가지고 앞으로 나오세요. Please come out to the front with your picture.

C: (유아가 한국어로 그림을 설명하면 옆에서 교사가 간단한 영어 문장으로 바꾸어 말할 수 있도록 도와준다.) This is a tree with red leaves. This is a flower. And this is me.

 유의사항

실외활동을 하기 전에는 안전사고가 일어나지 않도록 유아들과 미리 이야기하는 시간을 가진다.

확장활동

산책을 하면서 수집한 꽃, 나뭇잎, 돌 등 자연물과 교사가 찍은 사진을 사용하여 산책 후 연계
활동(미술 · 과학 활동 등)을 할 수 있다. 예를 들어, 예술 영역에 자연물을 사용하여 가을 콜라
주를 만들어 전시할 수 있다.

노래

산책 및 안전교육 관련 노래

We're going on a walk (《산토끼》에 맞추어 부른다.)
We're going for a walk.
We're going for a walk.
Hurrah~ Hurrah~,
We're going for a walk.

Find Your Partner (《클레멘타인》에 맞추어 부른다.)
Find your partner, find your partner,
Find your partner and hold your hands.
We are going for a walk.
Find your partner and hold your hands.

Walking Walking (《Are you sleeping?》에 맞추어 부른다.)
Walking walking, Walking walking
Hop hop hop, Hop hop hop
Running running running, Running running running
Now we stop, Now we stop

Watch Out (《Rain rain go away》에 맞추어 부른다.)

Watch out watch out
Be careful be careful
Bumping bumping ouch ouch
Hurt so much hurt so much

가을 관련 챈트와 노래

Little Leaves (《열 꼬마 인디언》에 맞추어 부른다.)

One little, two little, three little leaves.
Four little, five little, six little leaves.
Seven little, eight little, nine little leaves.
Ten little leaves fall down.

Happy Children in the Autumn (《When you are happy》에 맞추어 부른다.)

Happy children in the autumn,
Do like this.
(나뭇잎이 떨어지는 모습, 갈퀴질하는 모습, 나뭇잎 위에서 점프하는 모습 등으로 자유롭게 동
작을 만든다.)
Happy children in the autumn,
Do like this.
Happy children in the autumn,
All together dance like this.
Happy children in the autumn,
Do like this.

Pretty Leaves Are Falling Down (《London Bridge》에 맞추어 부른다.)

Pretty leaves are falling down, falling down, falling down.
Pretty leaves are falling down, all around the park.

Let's all fly like dragonflies, higher, higher, up, up, up.
Let's all fly like dragonflies, all around the park.

Let's all jump in the leaves, have some fun, have some fun,
Let's all jump in the leaves, all around the park.

그림책

『We're Going on a Picnic!』
Pat Hutchins 글 · 그림, 문진미디어, 2009

『Pig Picnic』
Hubbell 글 · 그림, 아이피에스, 2000

전개활동

7. 정원 꾸미기

🔸 **활동 제목** Decorating the classroom like an 'Autumn Garden'

🔸 **활동 목표**

① (소근육, 미술) 가위를 사용하여 다양한 모양을 오릴 수 있다.
② (소근육, 조작) 순서에 따라서 종이접기를 할 수 있다.
③ (언어) 자연물을 탐색하고 다양한 재료를 사용하여 표현할 수 있다.
④ (언어) 지난 경험을 기억하여 말할 수 있다.
⑤ (사회성) 소집단 활동을 통해서 다른 사람과 의견을 조율하는 방법을 배울 수
   있다.

🔸 **언어 목표**

① 가을의 자연환경을 나타내는 다양한 어휘를 익힌다.
② 지난 사건을 회상하여 영어로 설명할 수 있다.
③ 교사의 영어 지시문을 듣고 따를 수 있다.

🔸 **집단 유형** 소집단

🔸 **소요 시간** 40분

준비물

종이, 색연필, 크레파스, 가위, 풀, 테이프 등 다양한 만들기 재료

 준비사항

① 교실을 가을 동산으로 꾸미기 전에 유아들과 가까운 공원 등으로 산책을 나가
서 가을의 자연환경을 직접 탐색해 본다.
② 실외활동을 할 수 없는 경우, 가을의 모습이 나타나 있는 그림이나 사진 자료
를 준비하여 유아들과 함께 보며 이야기를 나눈다.
③ 다양한 재료를 미리 준비하고 유아들이 만들기 활동을 할 때 사용할 수 있도
록 한다.

활동 진행 순서

도입 [5분]

유아들과 산책을 다녀와서 보았던 것을 회상하면서 이야기를 나눈다.

> T: 우리 어제 산책을 다녀왔지요. We went for a walk yesterday. 어제 공원에서 무
> 엇을 봤는지 기억나는 친구? What did you see in the park yesterday?
> C: Leaf.
> T: Yes. 나뭇잎이 있었어요. We saw red and yellow leaves. 선생님처럼 말해 볼까
> 요? I saw red and yellow leaves.
> C: I saw red and yellow leaves.

전개 [25분]

① 교사는 오늘 할 활동과 재료를 소개한다.

> T: 오늘은 우리 교실을 가을 동산으로 만들어 보는 활동을 할 거에요. Today we are
> going to decorate our classroom like an Autumn garden.

257

가을 동산을 만들려면 교실에 무엇이 필요할까요? What do we need for an autumn garden?

C: Trees! Acorns! Dragonflies! Red leaves!

T: Good. 선생님이 이제 만들기 재료를 보여 줄게요. I will show you materials that you can use to make those things. 자, 이게 무엇일까요? What is it?

C: It is color papers(tape, glue, color pencils, scissors, etc.).

② 유아들을 3개의 모둠으로 나누어 각각 이름을 정한다(예를 들면, Tree team, Sky team, Dragonfly team).

T: 친구들끼리 모둠별로 앉아볼 거예요. 세 모둠으로 만들어 보세요. Let's make three teams now. 모둠별로 모두 앉았으면 모둠 이름을 정할 거예요. We are going to make a name of the team. 친구들끼리 이야기해서 이름을 정하고 선생님에게 알려 주세요. Please let me know when you decide your team's name.

모둠 활동 중인 유아들

③ 각 모둠별로 재료를 가져가고 만들기 방법에 대해서 이야기를 나눈 후 만들기를 시작한다. 여기서 'cut, paste, color, fold' 등의 만들기 활동을 할 때 사용

하는 단어를 익힐 수 있다.

T: Tree team, 종이와 색연필을 가져가세요. Please get your paper and color pencils. 이제 만들기 준비가 다 됐나요? Are you ready to start making now?

C: Yes.

T: Tree team 친구들은 색지로 밤나무를 만들 거예요. We are going to make a chestnut tree with color papers. 먼저 색종이를 접어서 밤을 만드세요. 선생님 이야기를 잘 듣고, please listen carefully, 선생님이 말하는 대로 똑같이 접으면 돼요. And fold the papers like I do.

T: (교사가 종이접기 시범을 보이며 천천히 지시문을 말해 준다.) 먼저 종이를 반으로 접으세요. First, fold the paper in half.

C: (종이를 반으로 접으며) Fold the paper in half.

T: Good. 이제 가운데 줄에 맞춰서 접으세요. Please fold to meet the center line.

C: (종이를 접으며) Please fold to meet the center line.

T: 다른 쪽도 이렇게 똑같이 하세요. Please do it on the other side, too.

C: (종이를 접으며) Please do it on the other side, too.

T: (종이를 뒤집으며) 그리고 이렇게 뒤집으세요. And then turn over like this.

C: Turn over like this.

가을 하늘을 만드는 유아들

가을 나무를 만들고 있는 유아들

잠자리를 만들고 있는 유아

마무리 [10분]

완성된 장식물을 교실에 전시하고 모두 함께 감상한다.

유아들이 만든 가을 하늘

유아들이 만든 밤나무

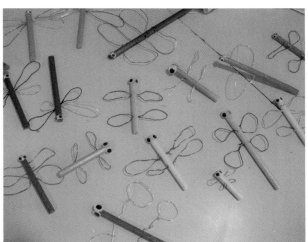

유아들이 만든 교실 천장에 장식할 잠자리

유의사항

유아들이 만들고 싶어 하는 장식물의 종류가 많은 경우 수업 횟수를 늘려서 활동을 진행할 수 있다.

확장활동

산책하면서 수집한 실제 자연물을 함께 사용하여 만들기를 할 수도 있다.

그림책

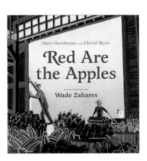

『Red Are the Apples』
Marc Harshman & Cheryl Ryan 글,
Wade Zahares 그림, Sandpiper, 2007

전개활동

8. 노래와 율동

🍎 **활동 제목**   Under the spreading chestnut tree

🌰 **활동 목표**

(신체, 사회성) 음률활동을 통해서 사회정서 및 대근육 발달에 긍정적인 영향을 줄
수 있다.

🌾 **언어 목표**

① 다양한 동사를 익힌다.
② 교사의 영어 지시문을 듣고 따를 수 있다.

🌳 **집단 유형**   대집단

🎽 **소요 시간**   40분

📚 **준비물**

행동 단어카드, 노래 가사판, 노래 반주가 들어 있는 CD, CD플레이어

준비사항

① 이 활동을 하기 전 교실을 가을 동산으로 꾸미는 활동을 하고 유아들이 만든 밤나무 밑에서 활동을 시작한다.

② 행동 단어카드는 해당 동사를 나타내는 그림과 단어를 함께 제시하여 유아들이 카드를 보고 무슨 행동을 나타내는지 이해할 수 있도록 한다.

③ 교사가 미리 노래를 연습하고 가사판을 준비한다. 가사판은 글자를 크고 선명하게 보이도록 하며, 노랫말 중 'sit' 부분은 다른 색으로 표시하여 '노랫말 바꿔 부르기' 활동을 할 때 유아들이 다른 동사로 바꿔 부르는 부분임을 알 수 있도록 한다.

활동 진행 순서

도입 [5분]

교사는 유아들과 직접 만든 밤나무 밑에 앉아서 실제 밤나무 밑에서 누구와 어떤 놀이를 하고 싶은지 물어보면서 이야기를 나눈다.

> T: 우리가 지난 시간에 만든 밤나무 밑에 앉아 있어요. Now, we are sitting under the chestnut tree that you made last time.
> 만약 이 밤나무가 진짜라면 친구들은 진짜 밤나무 밑에서 무엇을 하고 싶나요? If What would you want to do under a real chestnut tree?
> C: 밤을 줍고 싶어요.
> T: You want to pick up some chestnuts! 우리 친구가 누구랑 밤을 줍고 싶은지 물어볼까요? Whom do you want to pick up chestnuts with?
> C: Friend.
> T: Good. (유아가 완전한 문장으로 말할 수 있도록 교사가 천천히 문장을 말해 주고 따라하도록 한다.) 친구랑 같이 밤을 줍고 싶어요. I want to pick up some chestnuts with my friend.
> C: I want to pick up some chestnuts with my friend.

265

자신의 생각을 발표하는 유아들

전개 [30분]

① 교사는 〈Under the spreading chestnut tree〉 노래와 율동을 소개하고 다같이 불러 본다.

Under the spreading chestnut tree

Under the spreading chestnut tree
There we sit both you and me
Oh how happy we would be
Under the spreading chestnut tree

노래와 율동 연습을 하는 유아들

노래와 율동을 발표하는 유아들

② '노랫말 바꿔 부르기' 활동을 위해서 행동 단어를 배워 본다. 각각의 단어를 배울 때는 동작과 함께 해 본다(sleep, dance, walk, run, talk, crawl, sing 등).

> T: 선생님이 하는 동작을 잘 보고 어떤 모습인지 아는 친구는 손을 들어 보세요. Please raise your hand if you know what I am doing now. (예를 들면, 잠자는 모습 등)
>
> C: Sleep!
>
> T: Very good. 앞으로 나오세요. Please come out to the front.
> 우리 친구가 sleep 카드를 가지고 있을 거예요. Here is your sleep card. 이제 자리로 돌아가세요. Please go back to your seat.
> 이번에는 선생님이 어떤 동작을 하는지 잘 보세요. Please look carefully and guess what I am doing this time.

③ 유아들은 둥글게 모여 앉아서 노랫말 바꿔 부르기 활동을 한다. 교사가 지목한 유아는 제자리에서 일어나 자신이 가지고 있는 행동 단어를 보여 주고 그 동사를 노랫말에 넣어서 부른다. 예를 들어, 유아가 가지고 있는 단어가 'dance' 이면 원래 'sit' 이라는 가사를 'dance' 로 바꿔 부른다. 후렴구는 유

268

아들이 모두 함께 부르도록 한다.

T: 모두 둥글게 앉아 보세요. Please sit in a circle. 모두 행동 카드를 하나씩 가지고
   있나요? Does everyone have an action card?
C: Yes!
T: 선생님에게 자신의 카드를 보여 주세요. Please show me your action card.
C: (교사에게 행동 카드를 보여 준다.)
T: Good. 이제 카드를 바닥에 내려놓으세요. Please put them on the floor. 자기 앞
   에 놓으세요. In front of you. 선생님이 신호를 보낸 친구는 자신의 행동 카드를
   보고 동작을 하면서 노랫말을 바꿔 부르는 거예요. When I give you a sign, you
   will sing and act just like what your action card says.

   선생님이 먼저 어떻게 하는지 보여 줄게요. 선생님 action card는 dance card예
   요. Here is my dance card. 친구들이 먼저 노래를 불러 주세요. (교사가 먼저 시
   범을 보인다.)

Under the spreading chestnut tree
There we dance both you and me
Oh how happy we would be
Under the spreading chestnut tree

T: 할 수 있겠지요? Can you do that?
C: Yes!
T: Ok. Ready, set, go!

마무리 [5분]
노랫말 바꿔 부르기 활동이 끝나면 유아들과 오늘 배운 동사를 복습하고 활동을
마친다.

확장활동

① 이 활동과 같은 방법으로 〈Under the spreading chestnut tree〉의 노랫말 바꿔 부르기 활동을 통해 전치사를 연습하는 활동으로 활용할 수도 있다(under → on, over, inside, next to, behind, in front of 등).

② 나무 이름을 바꾸어 나무 이름을 영어로 익히는 활동을 할 수도 있다 (chestnut tree → apple tree, pine tree, maple tree 등).

노래

Under the spreading chestnut tree (동요 〈꿀밤나무 밑에서〉)

Under the spreading chestnut tree
There we sit both you and me
Oh how happy we would be
Under the spreading chestnut tree

그림책

『The Tree』
Gallimard Jeunesse & Pascale De Bourgoing 글,
Christian Broutin 그림, Cartwheel Books, 2004

전개활동

9. 사전 찾기

활동 제목   Autumn in my dictionary

활동 목표

① (언어) 알파벳을 순서대로 기억하여 말할 수 있다.

② (언어) 사전에서 단어를 찾을 수 있다.

③ (조작, 언어) 활동지에서 단어와 그림을 찾아 짝지을 수 있다.

언어 목표

① 가을과 관련된 단어를 이해하고 표현할 수 있다.

② 가을 관련 단어의 철자를 알고 사전에서 찾을 수 있다.

③ 사전 찾는 방법에 대한 지시를 이해할 수 있다.

집단 유형   대집단 또는 소집단

소요 시간   40분

준비물

알파벳 카드, 유아용 영어 그림 사전, 가을 관련 단어카드, 모둠활동 활동지

준비사항

① 교사는 가을에 대한 주제탐구 표현활동에서 배운 영어 단어들을 미리 단어 카드로 만들어 놓는다.

② 세 개의 모둠으로 나누어 활동지를 이용해 활동할 것이기 때문에 그림사전을 세 개 준비한다.

③ 활동지에는 유아들이 찾을 단어 네 개가 왼쪽에, 오른쪽에는 그 단어의 사진(그림)이 다른 순서로 배치되어, 유아들이 단어와 그림을 선으로 연결할 수 있다.

활동 진행 순서

도입 [10분]

알파벳 카드를 순서대로 칠판에 붙인다.

유아가 한 명씩 나와서 알파벳 카드를 차례로 붙여 본다.

T: 알파벳들을 순서대로 붙여 볼까요? Let's put these alphabets in order.
지원이가 앞으로 나와 볼까요? 'D' 다음에 무엇이 오죠? 지원, please come out to the front. What comes after 'D'?

유아가 나와서 'E'를 찾아 'D' 옆에 붙인다.

T: Well, done. 자, 이번에는 누가 나와서 'E' 다음에 나오는 알파벳을 붙여 볼까요? Now who wants to come out and put two following alphabets after 'E'?
이렇게 모든 알파벳을 순서대로 칠판에 붙인다.

전개 [25분]

① 알파벳 카드를 이용하여 가을 단어 하나를 만들어 본다.

T: 칠판 보세요. Please look at the board.
지금 선생님이 만드는 단어가 무엇인지 알아맞혀 보세요. Can you guess what

word I am making?

교사는 알파벳 카드로 'chestnut' 이라는 단어를 만든다. 유아들이 단어를 잘 읽지 못하면 교사가 소리 내어 읽어 주고 그것이 무엇인지 사전으로 알아보자고 제시한다.

T: 이 단어의 뜻이 무엇인지 사전에서 찾아봐요. Let's find out what this word means from a dictionary.

사전이 무엇인지 알아요? Do you know what a dictionary is? (사전을 보여 주며) 이게 사전이에요. This is a dictionary.

먼저 알파벳 'C' 를 찾고, 그다음 순서대로 'h, e, s, t, n, u, t' 를 찾아요. We have to go to letter 'C' first. Then, 'h, e, s, t, n, u, t.'

아, 여기 'chestnut' 이 있네요. 밤나무지요? Here it is. Chestnut. (사전에서 찾은 chestnut의 그림을 보여 준다.)

② 다른 단어로 몇 번 연습해 본 다음, 유아들을 세 모둠으로 나누고 미리 만든 활동지를 모둠별로 나눠 준다. 유아들이 함께 활동지를 완성할 수 있도록 지시사항을 천천히 말하면서 교사가 시범을 보인다.

T: 이제부터 선생님 말을 잘 들어야 해요. 이제 나눠 준 활동지를 어떻게 작성하는지 알려 줄게요. Now, please listen carefully. I am going to tell you what you need to do for this worksheet.

가을과 관계 있는 단어 4개가 왼쪽에 적혀 있어요. There are four words about Autumn on the left.

오른쪽에는 그 단어의 그림이 있어요. On the right, there are four pictures.

단어가 무슨 뜻인지 사전을 통해 알아보세요. Please look up the dictionary to find what each word means.

단어의 뜻을 찾으면 오른쪽에 있는 그림과 같은 것으로 선을 연결해 보세요. When you find the meaning of each word, connect a line to match the word to the picture.

시작하세요. Now, let's begin.

<Dictionary Skills Activity>
Finding Autumn Words

scarecrow

harvest

grasshopper

maple tree

마무리 [5분]

이제까지 배운 가을 단어들을 사전을 이용해 찾아보는 연습을 한다.

 확장활동

교사가 짧은 영어 문장을 유아들에게 나누어 주고 스스로 사전을 찾아 어떤 뜻인지 알아보게 한다.

노래

Looking for a word (《BINGO》에 맞추어 부른다.)

Let's look up the word in dictionary,
the word is teacher
T-E-A-C-H-E-R, T-E-A-C-H-E-R, T-E-A-C-H-E-R
teacher is the word

다른 단어를 응용해서 부를 수도 있다.

 그림책

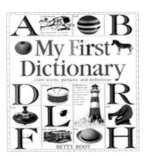

『My First Dictionary: 1,000 words, pictures, and definitions (DK Games)』
Betty Root 글, DK Children, 1993

마무리활동

10. 뮤지컬–어휘와 배역

🎭 **활동 제목**   Autumn musical – The Ants and the Grasshopper I

🎯 **활동 목표**

① (언어) 뮤지컬 〈The Ants and the Grasshopper〉에 나오는 여러 가지 단어와 배역에 대해 알아본다.
③ (사회성) 등장한 역할과 이야기의 내용 및 교훈에 대해 친구들과 함께 이야기를 나누어 볼 수 있다.

🗣 **언어 목표**

① 뮤지컬 〈The Ants and the Grasshopper〉에 나오는 여러 가지 단어를 배운다.
② 뮤지컬 〈The Ants and the Grasshopper〉에 나오는 여러 가지 배역의 이름을 배운다.
③ 〈The Ants and the Grasshopper〉 이야기를 듣고 내용과 흐름을 이해할 수 있다.

🏕 **집단 유형**   대집단

🎫 **소요 시간**   35분

준비물

① 등장인물 그림, 등장인물 이름카드, 그림책에 나오는
어휘의 단어카드와 그림 자료
② 『The Ants and the Grasshopper』(The LAB Education
Research Center)

 준비사항

그림책에 나오는 중요한 단어들을 미리 배워 볼 수 있도록 단어카드를 교사가 미
리 준비한다.

활동 진행 순서

도입 [10분]
이야기책의 첫 장을 보여 주며 책 제목과 어떤 배역들이 있을지 이야기를 나누어
본다.

T: 이 책의 제목은 '개미와 베짱이'예요. The title of this book is 『The Ants and
the Grasshopper』. 어떤 역할이 나올까요? Can you guess who might be in the
story?

전개 [20분]
이야기책을 읽어 준다.

마무리 [5분]
① 어떤 역할이 등장했는지 물어본다.

T: Who was in the story?

② 어떤 일이 있었는지 물어본다.

T: What happened in the story?

③ 이야기를 듣고 무엇을 배웠는지 물어본다.

T: What did you learn from the story?

 유의사항

유아가 이야기의 내용이나 마무리 시간에 하는 교사의 질문을 잘 이해하지 못할 경우 영어로 질문한 후 한국어로 설명해 주도록 하며, 한국말로 대답하는 경우에는 영어로 대답하는 방법을 알려 주어 따라해 보도록 격려한다.

 확장활동

종이접기 활동으로 Grasshopper Origami(베짱이 종이접기) 활동을 해 볼 수 있다.

 그림책

『Easy Origami』
John Montroll 글 · 그림, Dover Publications, 1992

마무리활동

11. 뮤지컬-가면 만들기

🏅 **활동 제목**   Autumn musical- The Ants and the Grasshopper II

🏅 **활동 목표**

① (사회성) 자신이 맡은 역할에 대한 애착감과 책임감을 기를 수 있다.
② (창의성) 역할에 맞는 가면을 창의적으로 만들 수 있다.
③ (언어) 교사의 지시에 따라 활동을 진행할 수 있다.
④ (소근육 발달, 미술) 가면을 색칠하고 가위를 사용하여 소근육을 발달시킨다.

🏅 **언어 목표**

① 자신이 맡은 역할의 이름을 직접 쓸 수 있다.
② 가면 만드는 과정에 대한 지시문을 이해할 수 있다.

🏅 **집단 유형**   대집단 또는 개별

🏅 **소요 시간**   35분

🏅 **준비물**

색연필, 가위, 가면 도안

준비사항

　가면 도안 뒤에 유아가 직접 쓴 자신의 배역의 영어 이름을 잘라 붙일 수 있도록 다음과 같이 눈에 띄게 표시해 놓는다.

 활동 진행 순서

도입 [10분]

등장인물에 관한 복습

① 뮤지컬에 나오는 배역의 그림을 보여 주며 각각의 이름이 알맞게 짝지어졌는
　지 지난 시간에 배운 내용을 복습해 본다.

T: Are these names labeled correctly?

② 유아가 직접 나와 배역에 맞게 이름카드를 짝지어 본다.

T: Please come out and match their names to the right picture.

전개 [20분]

교사가 준비한 가면 도안을 나누어 주기 전에 활동지를 보여 주고 순서를 미리 알려 준다.

T: Please write your name in here first. 자신의 이름을 여기에 쓰세요.

Then, please write your character name in here. 맡은 배역 이름을 쓰세요.

When you finish writing, please color your characters.

가면을 오리고 나서 자기 이름과 배역 이름을 오려서 가면 뒤에 풀로 붙여 보세요.

Please cut out your character mask.

Please cut out your character name.

Please cut out your name.

Then, glue your name and character name on the back of the mask.

가면을 만들고 있는 유아

가면 도안을 이용해 만든 배역 머리띠

마무리 [5분]

역할놀이, 극놀이 활동으로 가면을 쓰고 각자의 배역에 맞는 소리를 내 볼 수 있다.

> T: 개미처럼 정말 작게 말해 봐요. Let's speak like an ant. Let's speak very quietly.
> 정말 즐거운 베짱이 같은 표정을 지어 봐요. Let's pretend to be a very happy grasshopper.
> 베짱이(메뚜기)처럼 정말 멀리 뛰어 봐요. Let's try to hop very far like a grasshopper. Hop, Hop, Hop.

 유의사항

아직 영어로 쓰기활동이 미숙한 유아가 있을 수 있으므로 도움이 필요한 경우 점선으로 따라 쓸 수 있도록 준비하는 방법도 있다.

 확장활동

원래의 〈개미와 베짱이〉와는 다른 이야기를 만들어 짧은 연극 활동을 해 볼 수 있다.

노래

Six Little Ants (《Six Little Ducks》에 맞추어 부른다.)

The ants go marching one by one.
Hurrah, hurrah.
The ants go marching one by one.
Hurrah, hurrah.
The ants go marching one by one.
The little one stopped to wiggle its thumb.
They all go marching,
Marching to escape the train.

Continue with

The ants go marching two by two
The little one stopped to tie its shoe.

The ants go marching three by three.
The little one stopped to disagree.

The ants go marching four by four.
The little one stopped to shut the door.

The ants go marching five by five.

The little one stopped to learn to dive.

The ants go marching six by six.
The little one stopped to do some tricks.

The ants go marching seven by seven.
The little one stopped to jump the heaven.

The ants go marching eight by eight.
The little one stopped to do shut the gate.

The ants go marching nine by nine.
The little one stopped to walk a line.

The ants go marching ten by ten.
The little one stopped to shout.

 그림책

『The Grasshopper Hopped』
Elizabeth Alexander 글,
Joung Un Kim 그림, Golden Books, 2010

『The Bugliest Bug』
Carol Diggory Shields 글,
Scott Nash 그림, Candlewick, 2005

마무리활동

12. 뮤지컬-리허설

활동 제목　Autumn musical – The Ants and the Grasshopper III

활동 목표

① (극놀이) 모둠을 나누어 짧은 장면별로 노래하며 연기 연습을 해 본다.
② (사회성) 다른 배역의 친구와 함께 연기해 봄으로써 다른 사람의 대사에 주의
　를 기울이는 것을 배운다.
③ (규칙 준수) 연극이나 뮤지컬 관람 시 올바른 규칙과 관람 태도를 배운다.

언어 목표

① 뮤지컬에서 지켜야 할 규칙에 대한 어휘를 배운다.
② 뮤지컬 대사와 노래 가사를 익히고 외울 수 있다.

집단 유형　대집단 또는 소집단

소요 시간　35분

준비물

배역 가면, 색깔 테이프

준비사항

① 교사는 유아가 연극을 할 때 눈으로 확인할 수 있는 동선(acting line, wait line, chorus line, stage, seats for audiences 등)을 색깔 테이프로 붙여 둔다.

② 모둠을 미리 나누어 mini-acting이 원활하게 이루어질 수 있도록 준비한다.

관람석과 연기를 하는 무대(stage)의 위치를 미리 알려 준다.

T: This is the stage for actors, and these are the seats for audiences.

먼저 mini-acting을 할 모둠과 관람 모둠을 정한다.

T: Team A will be the first group to act today and team B will be the audience this time.

활동 진행 순서

도입 [5분]

① 유아들에게 뮤지컬을 할 때 배우들이 지켜야 할 규칙과 관람객이 지켜야 할 규칙을 가르쳐 준다.

T: 뮤지컬을 할 때에는 지켜야 할 규칙들이 있어요. There are rules to follow when you play the musical. 따라서 말해 보세요. Please repeat after me.
연기자들이 지켜야 하는 규칙, For actors.
Stand straight. 똑바로 서서,
Listen carefully. 잘 듣고,
Speak clearly. 정확하게 말하는 거예요.
관람자들이 지켜야 하는 규칙, For audiences.
Sit straight. 바른 자세로 앉아서,
Be quiet. 조용히 하고,
Listen carefully. 잘 듣는 거예요.

② 교사는 미리 모둠을 나누어, mini-acting을 하는 모둠은 'actors' 관람하는 모둠은 'audiences' 라고 말해 준다. 두 모둠 모두 'actors' 와 'audiences' 를 번갈아 한다.

뮤지컬 규칙을 배우는 actors 모둠과 audiences 모둠의 유아들

전개 [25분]

① 그룹별로 나와서 mini-acting을 한다.

뮤지컬 연습을 하고 있는 유아들

② 유아들이 나와서 mini-acting을 할 때 교사는 유아들이 어디에 어떻게 서 있어야 하는지 정확한 위치를 알려 준다.

    T: Please stand on the wait line.

       Please wait there until the ANT 1 finishes talking.

       Please come to the front.

       Please sit down behind the chorus line.

마무리 [5분]

유아들이 각자의 역할에 맞는 행동을 어떻게 하고 어떤 소리를 내야 하는지 알려
준다.

    T: How does the grasshopper hop?

       How does the grasshopper sing?

 확장활동

뮤지컬 공연을 한다.

그림책

『Monster Musical chairs』
Stuart J. Murphy 글, Scott Nash 그림, HarperCollins, 2000

1. 일과 운영을 위한 영어 표현

　자연스러운 이중언어교육 환경을 유아에게 제공하기 위해서는 먼저 교사가 일과 생활에서 필요한 영어 표현을 일상(routine)화시켜서 사용하는 것이 중요하다. 유아와의 효과적인 상호작용을 위하여 표현은 쉽고 반복적으로 사용되어야 한다. 다음은 교사가 일과 운영에 사용할 수 있는 영어 표현이다.

1) 등원과 하원

(1) 등원
　유아가 아침에 등원했을 때 교사가 사용할 수 있는 영어 표현이다. 이러한 표현을 유아가 등원했을 때 반갑게 인사하면서 일상에서 반복하여 사용함으로써 자연스럽게 익힐 수 있는 환경을 제공해 준다.

1. Good morning.
2. Hello/Hi.
3. How are you today?
   How do you feel today?
4. How was your weekend? (월요일에)
5. Welcome back! (결석했던 유아가 왔을 때)
   I'm really glad to see you again.
   It's really good to have you back.
6. Wow! You made it on time. (지각이 잦던 유아가 제시
   간에 왔을 때)

(2) 하원

수업이 끝나고 유아가 집으로 돌아갈 때 사용할 수 있는 영어 표현이다. 프로그램의 마무리를 알리고 유아와 인사를 한다.

1. Good bye.
2. See you tomorrow.
3. See you later.
4. Have a nice day.
5. Take care, everyone!
6. Have a good weekend. (금요일에)
   See you Monday.
7. Enjoy your vacation. (방학 시작 시)
8. Please remember to bring ○○○ to school
   tomorrow.

2) 수업 시간

(1) 수업 시작

유아에게 수업이 시작되었음을 알리고 수업 준비를 하도록 하는 영어 표현이다.
교사는 유아가 자신에게 집중할 수 있도록 한다.

1. It's time to start the class.
2. Please put away everything.
3. Please sit down (in a circle, on a chair ……).
4. Please pay attention to the front.
5. Is everyone ready to start?
6. Let's be quite.
7. Let's get started.
8. Shall we start?
9. How is the weather today?
   What is the weather like today?
10. What day is it today?
11. What date is it today?
12. What month are we on?
13. Is anyone missing today?
14. Who is not here today?
15. Let's count how many children are here today.

(2) 수업 진행

수업을 진행하면서 사용할 수 있는 영어 표현이다. 수업 시간에 무엇을 할 것인지, 교사가 유아에게 사용하는 지시, 그리고 유아가 수업의 내용을 이해하는지 확인하는 표현 등이 포함되어 있다.

293

1. We are going to learn about ○○○ today.

2. Let's read a book called ○○○.

3. The name of the book is XYZ.

4. Please listen carefully.

5. What do you think this book is about?

6. Can anyone tell me?

7. What will happen next?

8. What's your favorite part?

9. Do you understand the story?

10. Let's learn a song.

11. Let's listen to the song first.

12. Please repeat after me.

13. Let's do it line by line.

14. Who can sing this?

15. Let's sing together.

16. Let's practice.

17. Who can show me ○○○?

18. Who can fix this?

19. Can everyone see this?

20. Can you guess?

21. Please speak up.

22. Please look at me.

23. I want to see your eyes looking at me.

24. Let's start the work.

25. Please seat with your group.

26. Please take out your color pencils.

27. I'll hand out the worksheet.

28. Please raise your hand if you need any help.

29. How can we say ○○○ in English?

30. Can you tell me in English?

(3) 수업 마무리

수업을 마무리할 때 사용할 수 있는 영어 표현이다. 유아에게 수업이 마무리되었음을 알려 주어 과제를 끝내고 수업을 정리할 수 있도록 한다.

---

1. Are you finished?
2. It's time to wrap up.
3. Please finish in five minutes.
   You have five more minutes.
4. Let's clean up.
5. Please clean up your desk.
6. Please throw trash away.
7. Please hand in your work.
8. Please sit on your chair if you are done.
9. Does anybody need help?
10. Let's review what we learned today.
11. Please line up when you are finished.
12. Let's all stop there.

---

(4) 칭찬

유아에게 칭찬을 할 때 사용할 수 있는 영어 표현이다. 이와 같은 표현은 수업 시간뿐 아니라 다른 일과 활동을 할 때에도 자주 사용하는 것이 중요하다. 유아의 행동에 교사가 칭찬으로 반응해 줌으로써 유아에게 자신감을 심어 줄 수 있고 영어에 대한 거부감을 줄일 수 있다.

1. Good Job!
   Well done!
2. Excellent work!
3. Thank you for helping me out.
4. Your drawing(work/writing) is wonderful.
   I like the way you drew(did/wrote).
5. Nice try!
6. Very good!
   How nice!
7. Good for you!
8. You have improved a lot.
9. Good guess!
10. I'm very proud you did it!
    I'm so glad to hear that!
11. I can see that you made an effort.

(5) 규칙 따르기 및 훈육(discipline)

수업 시간 및 다른 일과 활동에서 유아가 규칙을 어기거나 수업에 집중하지 않고 있을 때 사용할 수 있는 영어 표현이다. 'Do not' 과 같은 표현은 가능한 한 사용하지 않고 긍정적으로 표현하는 것이 중요하다.

1. Please listen carefully.
2. Please be quite.
3. Please look at me (board/book/front).
   Can I have your beautiful eyes looking at me?

4. Please pay attention, please?

    Can I have your attention?

5. Please walk.

    Let's walk.

    I love to see your walking feet.

6. Please put away.

7. Please line up.

8. Please get in two by two.

    Find your partner and get in line, please.

9. Please follow me.

    Please stay with me.

3) 전이 시간(transition period)

전이 시간은 일과 활동과 활동 사이에 있는 짧은 시간이다. 예를 들어, 동물에 대하여 책을 함께 읽는 대집단 활동을 하다가 동물을 그리기 위해 미술도구를 준비하는 시간이 전이 시간이다. 전이 시간은 수업 시간뿐 아니라 다른 일과에서도 일어난다.

1. Please take out your crayon(paper/pencil/glue) now.

2. Now, go back to your seat please.

3. Please finish up what you are doing now.

4. Let's line up.

5. Now, let's go to the reading section.

6. Please put away blocks and take out your
   workbook.

4) 식사(간식) 시간

식사 시간에 사용할 수 있는 영어 표현이다. 유아에게 식사 시간의 올바른 예절과 규칙을 지킬 수 있게 알려 준다.

1. Please wash your hands.
   Keep in mind to use a soap, please.
2. Let's line up.
3. Let's go to the cafeteria now.
4. Please walk in line.
   Please stay in line.
5. Please wait in line for your meal.
6. Please try to eat everything.
7. It's delicious!
   Ummm, Yummy!
8. Who wants some more?
9. Today's menu is ○○○.
10. Please be careful.
11. Please throw your trash away.
12. Let's brush our teeth after eating.

5) 쉬는 시간

쉬는 시간에 사용할 수 있는 영어 표현이다. 유아가 쉬는 시간에도 교사는 유아를 살피고 유아가 자유로운 활동을 할 수 있도록 도와주어야 한다.

1. You can choose what you want to play.
2. Please stay in the classroom.
3. You may go to the restroom.
4. What do you want to do?
5. Let me know if you need anything.
6. Please clean up after you are finished.
7. I think you can do this by yourself.
8. Please share with your friends.
9. Who wants to do first?
10. Please take turns.

2. 일과 운영을 위한 영어 챈트와 노래

효과적인 이중언어 환경을 위해 유아에게 운율이 있고 반복적인 챈트와 노래로 활동에 참여시킴으로써, 자연스럽게 흥미를 유발하고 영어 활동에 집중하도록 한다. 챈트와 노래를 사용할 때는 적절한 동작과 율동을 함께함으로써 챈트와 노래의 의미를 전달하는 것이 중요하므로, 반복적이고 운율이 있는 노랫말과 함께 알맞은 동작과 율동으로 구성한다. 다음은 일과 운영에서 사용할 수 있는 영어 챈트와 노래다.

1) 등원과 하원

등원과 하원 시 교사와 함께 같은 노래를 부르는 것으로 하루를 시작하고 마무리하는 것은 집이 아닌 어린이집 또는 유치원에서 새로운 일과 시작과 마무리를 자연

299

스럽게 알려 주는 동시에 안정적인 일과의 시작과 마지막을 도울 수 있다. 노래를 부를 때 적절한 율동을 섞어 함께 부르는 것이 중요하다.

(1) 등원

등원 시에 노래를 부르면서 유아들을 환영할 수 있다.

Hello Song

Hello, Hello, Hello, How are you.
I'm Fine, I'm Fine, I Hope that you are too.

(2) 하원

하원 시에 유아들이 즐겁게 일과를 마무리하고 집에 돌아가도록 도울 수 있다.

See You Later Song

Jump, Jump, Jump to the right.
Jump, Jump, Jump to the left.
Jump, Jump, Jump to the right.
Dance around my darling.
See you later, See you soon.
See you later, See you soon.
See you later, See you soon.
Dance around my darling.

2) 수업 시간

(1) 수업 시작

수업을 시작하기 전 필요한 준비물을 확인하며 정리할 수 있는 기회를 마련한다.
함께 노래를 부르면서 준비물을 확인한다.

〈Are You Sleeping〉에 맞추어 부른다.

Where is _____ Where is _____
(Glue, Scissors, Paper, Crayon 등
수업 시간 준비물을 빈칸에 바꾸어 가며 부른다.)
Here it is, Here it is.
Put it on your right side
Put it on your right side
Now we are ready
Class begins now

(2) 주의집중

대집단 활동 중에 다음과 같이 챈트를 사용해 유아들의 주의집중을 도울 수 있다.

T: One, Two, Three, (박수 치며)
　 Eyes on me!
　 (양손의 검지손가락으로 유아 쪽을 가리켰다가 교사 눈
　 으로 가지고 온다.)
C: One, Two, (박수 치며)
　 Eyes on you! (유아가 양손의 검지손가락으로 자신의
　 눈을 가리켰다가 교사 쪽을 가리킨다.)

301

부록

(3) 활동 정리 후 매트에 앉기

개별 활동이 끝난 후 자신의 자리를 정리하고 매트에서 대집단 활동을 할 수 있도록 노래를 사용해서 유아에게 정리정돈 시간을 알려 준다.

> ⟨London Bridge is Falling Down⟩에 맞추어 부른다.
>
> Time to put your_____ away,
> _____ away, _____ away.
> (books, lunch, clothes, paint 등을 넣어서 부른다.)
>
> Time to put your_____ away,
> And come sit on the mat.
> (books, lunch, clothes, paint 등을 넣어서 부른다.)
>
> _____ put his/her books away,
> Books away, books away.
> (유아 이름을 넣어서 부른다.)
>
> _____ put his/her books away,
> and I like the way they are.
> (유아 이름을 넣어서 부른다.)

(4) 규칙 따르기 및 훈육

유아가 바르게 앉아서 주의집중할 수 있도록 교사가 직접 동작을 보여 주며 노래를 부른다.

302

> 〈If You're Happy and You Know It〉에 맞추어 부른다.
>
> Put your bottom on the floor, on the floor,
> Put your hands in your lap, and there's more.
> Your eyes are looking up,
> And your mouth won't interrupt.
> I have never seen a class this fine before.

3) 전이 시간

(1) 줄서기

유아들이 다른 장소로 한 번에 이동해야 하는 경우 노래를 불러 순서대로 한 명씩 지명하여 줄을 설 수 있게 돕는다.

> 〈Ten Little Indians〉에 맞추어 부른다.
>
> One little, Two little, Three little children
> Four little, Five little, Six little children
> Seven little, Eight little, Nine little children
> Ten little children in a line.

(2) 새로운 활동 준비

대집단 활동을 마무리하고 각자의 자리로 돌아가 개별 활동을 준비할 수 있도록 도와줄 수 있다.

〈Tune: Muffin Man〉에 맞추어 부른다.

We are done reading book
Reading Book, reading book
We are done reading book
reading book, reading book
Now we are back to our seats.
(reading book 대신 drawing 또는 coloring, playing과 같은 활동을 넣어 활용할 수 있다.)

---

4) 식사(간식) 시간

(1) 식사 시간 전 손 닦기

식사 시간 전 비누칠하기, 물로 헹구기, 손 말리기와 같은 순서로 손을 닦는 순서를 알려 주고 노래로 유아에게 식사 시간 전 손을 닦는 습관을 기르도록 도와준다.

〈Row Your Boat〉에 맞추어 부른다.

Wash, wash, wash your hand
Before having lunch
Soap, water, dry your hand
'Till we stop the song.

(2) 식사 감사 노래

식사 시간에 음식에 대한 감사한 마음을 갖고 식사 시간의 시작을 알리는 활동의 전환을 알려 줌으로써 식사 시간에 지켜야 할 점에 대해 상기시켜 줄 수 있다.

〈Rain Rain Go Away〉에 맞추어 부른다.

Thank you for this meal
I am not a picky child
I can finish everything
_____ is my favorite.
(여러 가지 음식 이름을 넣어 바꿔 부를 수 있다.)

5) 쉬는 시간(자유놀이시간)

자유놀이 후 정리하는 시간

노래로 정리하는 시간을 알려 줌으로써 놀이 활동처럼 진행하여 정리하는 습관을 자연스럽고 즐겁게 기를 수 있다.

〈Mary Had a Little Lamb〉에 맞추어 부른다.

It is time to Clean up, Clean up, Clean up
It is time to Clean up and put-away everything.

참고문헌

강용구(1999). 동아시아의 몰입교육. 영어어문교육, 5, 79-101.

권순희(2009). 이중언어교육의 필요성과 정책 제안. 국어교육학연구, 34, 57-115.

김명신(2006). 창의적 미술교육과 영어 교과 통합교육 방안의 연구: 영어전문유치원 미술교육을 중심으로. 숙명여자대학교 대학원 석사학위논문.

김성민(2003). 어린이집에서의 영어교육 실시 현황 및 원장의 인식 조사. 성신대학교 교육대학원 석사학위논문.

김종훈(2004). 국제자유도시의 언어정책: 싱가포르와 홍콩, 그리고 제주도의 경우. 영어영문학 연구, 46(4), 217-242.

김진영, 김현희, 김영실(2000). 우리나라 유치원 영어교육의 현황 - 현장조사연구를 중심으로. 한국어린이육영회 학술대회.

남영필(2002). 취학 전 유아의 조기영어교육 실태 연구. 중앙대학교 교육대학원 석사학위논문.

마영희(1997). 유치원 영어교육의 타당성 및 교수방법에 관한 고찰. 유아교육학논집, 1(2), 175-192.

박민영, 고도홍, 이윤경(2006). 한국어-영어 이중언어 사용 아동의 음운인식능력. 음성과학, 13(2), 35-46.

박영순(2007). 다문화사회의 언어문화 교육론. 서울: 한국문화사.

박주경(1993). 이중언어를 구사하는 한국인 어린이들의 언어 선택에 대하여. 교육한글, 6, 119-137.

염철현(2008). 미국의 이중언어교육법 변천과정에 대한 고찰. 비교교육연구, 18(3), 103-122.

윤여일(2009). 서울시 영어유치원의 발달과 분포. 고려대학교 교육대학원 석사학위논문.

이귀옥, 전효정, 박혜원, 강완숙, 장미자(2004). 중국 조선족 아동의 한국어-중국어 이중언어 발달에 미치는 영향 요인. 한국심리학회지: 발달, 17(1), 113-129.

이기석(2008). 동남아시아 국가의 영어정책: 홍콩, 싱가포르, 필리핀. 언어연구, 24(3), 607-628.

이대균, 백경순, 정명자(2006). 유아영어교육의 연구 동향 및 내용분석. 유아교육학논집. 10(2), 95-120.

이순형, 이성옥, 권혜진, 이소은, 황혜신, 이혜승, 한유진, 정윤주, 이영미, 이옥경, 성미영, 권기남, 김지현(2009). 보육과정(3판). 서울: 학지사.

이은혜(1995). 아동발달의 평가 및 측정. 서울: 교문사.

이현섭, 황선회, 박충일, 손응경(2002). 유아교육개론. 서울: 학지사.

임정희(2008). 싱가포르의 언어정책과 영어 공용화. 단국대학교 교육대학원 석사학위논문.

장복명, 임원식(1999). 천안지역 유아교육기관에서의 조기영어교육에 대한 현황분석 및 교사, 학부모 인식도 조사. 영어어문교육, 5, 191-218.

정승혜(2005). 유아교육기관에서의 영어교육의 실태 및 인식조사 연구. 동국대학교 교육대학원 석사학위논문.

최재영(2007). 파견 영어강사가 본 유치원 영어교육의 모습. 이중언어학, 14(1), 189-214.

최지영(2009). 균형적 언어접근법을 통한 유아 영어교육의 효과: 만 5세 유아를 대상으로. 열린유아교육연구, 14(3), 103-133.

홍종선(2000). 이중언어교육과 한국의 외국어교육 과제. 영어교육연구, 21, 79-100.

황혜신(2004). 조기영어교육이 유아의 이중언어 발달에 미치는 영향. 한국생활과학회지, 13(4), 497-506.

황혜신(2007). 유아의 조기영어교육과 이중언어 발달에 영향을 주는 유인. 한국생활과학회지, 16(4), 699-710.

황혜신, 황혜정(2000). 이중언어(한국어-영어)를 하는 유아의 언어능력 발달에 관한 연구. 유아학회지, 20(3), 199-216.

Asher, J. (2003). *Learning another language through actions* (6th ed.). CA: Sky Oaks Productions, Inc.

Bain, B. (1975). Towards an integration of Piaget and Vygotsky: bilingual considerations. *Linguistics, 16*, 5-20.

Baker, C. (1993). Bilingual education in Wales. In H. B. Beardsmore (Ed.), *European models of bilingual education*. Clevedon, Avon: Multilingual Matters.

Baker, C. (2007). *A parent's and teacher's guide to bilingualism* (3rd ed.). PA: Multilingual Matters Ltd.

Bandura, A. (1977). *Social learning theory*. Englewood Cliffs, NJ: Prentice-Hall.

Ben-Zeev, S. (1977). The influence of bilingualism on cognitive strategy and cognitive development. *Child Development, 48*, 1009-1018.

Bialystok, E., & Ryan, E. B. (1985). Toward a definition of metalinguistic skill. *Merrill-Palmer Quarterly, 31*, 229-251.

Bloomfield, L. (1933). *Language*. New York: Holt.

Campbell, R., & Sais, E. (1995). Accelerated metalinguistic(phonological) awareness in bilingual children. *British Journal of Developmental Psychology, 13*, 61-68.

Carrow, M. (1957). Linguistic functioning of bilingual and monolingual children. *Journal of Speech and Hearing Disorders, 22*, 371-380.

Chomsky, N. (1957). *Syntactic structures*. The Hangue: Mouton.

Cummins, J., & Gulustan, M. (1974). Bilingual education and cognition. *The Alberta Journal of Research, 20*, 259-269.

Diaz, R. M. (1985). Bilingual cognitive development: Addressing three gaps in current research. *Child Development, 55*(6), 1376-1388.

Diaz, R. M., Padilla, K. A., & Weathersby, E. K. (1991). The effects of bilingualism on preschoolers' private speech. *Early Childhood Research Quarterly, 6*, 377-393.

Edelsky, C. (1991). *Whole language: What's the difference*. NH: Heinermann Eudcational Books, Inc.

Goodman, K. (1986). *What's whole in whole language?* Eudcational Books, Inc.

Graham, C. (1979). *Jazz chants for children*. Oxford University Press.

Haugen, E. (1953). *The Norwegian in America*. Philadelphia: University of Pennsylvania Press.

Ingram, D. (1989). *First language acquisition: Method, description and explanation*. London: Cambridge University Press.

John, V. P., & Horner, V. M. (1971). Early Childhood Bilingual Education. *The Urban Review, 5* (3), 43-44.

Krashen, S. (1981). *Second language acquisition and second language learning*. Oxford: Pergamon Press.

Lambert, W. (1955). Measurement of the linguistic dominance of bilinguals. *Journal of Abnormal and Social Psychology, 50* (2), 197-200.

Lennenberg, E. (1967). *Biological foundations of language*. New York: John Wiley and Sons.

MacNamara, J. (1967). The Bilingual's Linguistic Performance, A Psychological Overview. *Journal of Social Issues, 23*, 35-47.

McIntyre, E., & Pressley, M. (1996). *Balanced instruction: Strategies and skills in whole language approach*. MA: Christopher Gordon.

Milne, R., & Clarke, P. (1993). Bilingual Early Childhood Education in Child Care and Preschool Centres. Australian Dept. of Employment, Education and Training, Canberra.

Mulhern, M. N. (2002). Two kindergarteners' constructions of superficial learning in Spanish: A challenge to superficial balanced literacy instruction. *International Journal of Bilingual Education and Bilingualism, 5*(1), 20-39.

Netten, J., & Germain, C. (2008). The future of intensive French in Canada. *The Canadian Modern Language Review, 65*(5), 757-786.

O'Toole, S., Aubeeluck, A., Cozens, B., & Cline, T. (2001). Development of reading proficiency in English by bilingual children and their monolingual peers. *Psychological Reports, 89*, 279-282.

Pearson, B. Z., Fernandez, S. C., & Oller, D. K. (1993). Lexical development in bilingual infants and toddlers: Comparison to monolingual norms. *Language Learning, 43*, 93-120.

Saer, H. (1931). Experimental inquiry into the education of bilingual peoples. *Education in a changing commonwealth*. London: New Educational Fellowship.

Skinner, B. F. (1957). *Verbal Behavior*. Acton, MA: Copley Publishing Group.

Swain, M., & Lapkin, S. (1982). Evaluating bilingual education: A Canadian case study. Clevedon, Avon: Multilingual Matters.

Usborne, E., Caouette, J., Qumaaluk, Q., & Taylor, D. M. (2009). Bilingual education in an Aboriginal context: examining the transfer of language skills from Inuktitut to English or French. *International Journal of Bilingual Education and Bilingualism, 12* (6), 667-684.

Vera P. J., & Vivian, M. H. (1971). *Early Childhood Bilingual Education*. New York: Modern Language Association of America.

Vygotsky, L. S. (1962). *Thought and Language*. Cambridge, MA: MIT Press.

집필진 소개

이순형

서울대학교 대학원 아동학과 박사

한국아동학회 · 인간발달학회 회장 역임

서울대학교 생활과학대학 어린이집 원장 역임

덕성여자대학교 교수 역임

현 서울대학교 생활과학대학 아동가족학과 교수

최나야

서울대학교 인문대학 언어학과 학사

서울대학교 생활과학대학원 아동가족학과 석사 · 박사

캐나다 Carleton University 심리학과 · Algonquin College 유아교육학과 수학

부산외국어대학교 TESOL 과정 수료

서울대학교 · 대구가톨릭대학교 · 나사렛대학교 · 수원대학교 · 경성대학교 강사 역임

현 가톨릭대학교 생활과학부 아동학 전공 교수

채진영

미국 New York University 유아교육학과 학사

미국 Columbia University 발달심리학과 석사(아동심리 전공)

서울대학교 생활과학대학원 아동가족학과 박사

뉴욕 Christ Church Day School · 서초 PSA, S.O.T. 유치부 교사 역임

서초 T.L.Kids 원장 역임

동덕여자대학교 · 인천대학교 강사 역임

현 서울대학교 언어교육원 외국어센터 전임연구원

　　서울대학교 아동가족학과 강사

한신애

미국 Boston College 경제학 · 재무학 전공 학사

서울대학교 생활과학대학원 아동가족학과 석사

숙명여자대학교 TESOL 대학원 YL-TESOL 과정 수료

서울대학교 생활과학대학 어린이집 영어특별활동 교사 역임

현 서울대학교 생활과학대학원 아동가족학과 박사과정

　　서울대학교 생활과학대학 다문화생활교육센터 간사

조유수

    미국 Boston College 경제학 전공 학사

    서울대학교 생활과학대학원 아동가족학과 석사

    숙명여자대학교 TESOL 대학원 YL-TESOL 과정 수료

    서울대학교 생활과학대학 어린이집 영어특별활동 교사 겸 코디네이터 역임

    서울대학교 생활과학연구소 연구원 역임

    현 서울대학교 생활과학대학원 아동가족학과 박사과정

김민경

    서울대학교 소비자아동학부 가족아동학 전공 학사

    서울대학교 대학원 협동과정 유아교육 전공 석사

    서울대학교 생활과학대학 어린이집 영어특별활동 교사 역임

    현 서울대학교 생활과학대학원 아동가족학과 박사과정

      서울대학교 생활과학대학 어린이집 담임교사

김지원

    서울대학교 소비자아동학부 가족아동학 전공 학사

    셋넷 탈북청소년 대안학교 자원교사 역임

    서울대학교 생활과학대학 어린이집 교사 역임

    현 서울대학교 생활과학대학원 아동가족학과 석사과정

이정민

    서울대학교 소비자아동학부 가족아동학 전공 학사

    British International Kindergarten 보조교사 역임

    서울대학교 생활과학대학 어린이집 교사 역임

    현 서울대학교 생활과학대학원 아동가족학과 석사과정

유아 통합교육 프로그램 시리즈 ①

유아 이중언어 통합교육 프로그램

2010년 11월 10일 1판 1쇄 인쇄
2010년 11월 17일 1판 1쇄 발행

지은이 • 이순형 · 최나야 · 채진영 · 한신애
　　　　조유수 · 김민경 · 김지원 · 이정민
펴낸이 • 김진환
펴낸곳 • (주) **학 지사**
　　　　　121-837 서울특별시 마포구 서교동 352-29 마인드월드빌딩 5층
대표전화 • 02)330-5114　　팩스 • 02)324-2345
등록번호 • 제313-2006-000265호

홈페이지 • http://www.hakjisa.co.kr
커뮤니티 • http://cafe.naver.com/hakjisa

ISBN　978-89-6330-561-5　94370
　　　　978-89-6330-560-8 (set)

정가　18,000원